アレン様は大変!!お怒りになられてます。

アレン

KADOKAWA

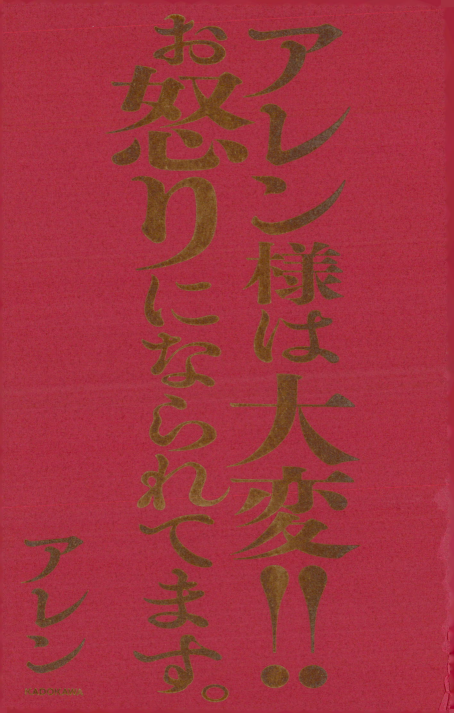

はじめに

毎日コンクリートジャングルですトカ、
大田舎の中で戦ぅクリマン達、ご機嫌よう……🌹
アンタ達の代わりに、ワタクシが
ブチギレて💢不満ゃ怒り😡💢を
お焚きァゲするヮ――

contents

親しき仲でもブチギレ人生

人間関係で大切なのは、
「お互いにベストな関わり方を見つけること」

だから、ワタクシは他人に怒りを感じたら言いますわよ……
ブチギレながらね！

記念すべき初原稿執筆10分前に起こった悲劇

アンタたち〜！　アレンでござぃます……。

ヮタクシ、実はこの原稿を書き始める5分前までブチギレてたんです。

理由を言っていいカフォーラ？　昨日の夜、地方出張先のホテルからオンラインショップでメイク道具を頼んでたんです。今日の朝には「注文を受け付けました」みたいなメールが来てたの。

そしたら、今になって10分前に「当店はホテル宛には送りません。キャンセルさせてもらいます」っていう通知が来てたのよ！！！　勝手にキャンセルされてたの!!

なんザマスって！？！？！？　正直問題ぁりえなぃんだキロ!!

注文画面に「当店はそういう宿泊施設には送りません」とか書いてくれてたら、ヮタクシも頼まないじゃない？　頼んだ後に「うちは宿泊施設には送らない」って一方的にメールを送ってきて、勝手にキャンセルするのってひどくない？

……怒りがドド突き上げて参りましたので、思いっきり電話をかけてやりましたよ。

「だったら、販売ページに『宿泊施設には送付しません』って書きなさいよ！　そしたら、ァンタのところで注文しないから!!」って!!

そもそも、急いでその商品を手に入れたいから、出先で注文しているワケですよね？

キャンセルするなら、せめて先に電話で連絡をもらって「注文をいただいたけれども、宿泊施設に送付する場合は、うちではお引き受けしかねます」って言ってくれたらよかったんじゃない？

今必要なものだと思って頼んでたのに、いきなり突然勝手にメールで「当店は対応してないのでキャンセルします」って一方的に言われたら、誰だってブチギレますよね？？！？

こういう怒りって日常的にあるものだと思うの……。

些細なことだけど、イライラさせられることってたくさんある。でも、NP《ノーマルピーポー》によっては「そんなことで怒るより、グッと我慢しなくちゃ」「クレーマーとかまじ勘弁」って思うのかもしれないけど、ワタクシはね、怒りを感じたら言いますわよ、ブチギレながらね！

怒りはその場に残さないほうが健康人生

よく言われるの。「アレン様はやりたい放題やってて素敵ですね。どうしてそんなに怒れるんですか？」って。

正直問題、はっきり言わせてもらうけどね、理由は1個しかないんです。

ワタクシが、ただ、我慢できないだけ！【小太り大爆笑】

ムカついたことを我慢する時って、すごく自分の体と心に悪い気がするの。

とにかくモヤモヤするし、家に帰っても「あー、ムカついた！」って気持ちが残っちゃうじゃない。

だったらね、怒りを伝えたほうがいいのよ。怒るとスッキリするし、自分の気持ちも納得するから。そうすると、イライラしたことなんて忘れちゃう。

どんなに腹が立ったことでも、ムカついたことでも、きちんと言葉にして相手に伝えられたら忘れるものよ。でも、言わなかった時は、我慢したことをいつまでも思い出しちゃう。「あの店で、あんなイヤな思いをした」「あの人に、ひどいことを言われた」とか、そのくらいずっと根に持っちゃうことって多くない？

自分の中で燃焼できたことは忘れるけど、燃焼できなかったことってやっぱりネガティブな気持ちと一緒にずっと自分の中に残っちゃうでしょ。それって、自分の気持ちがネガティブなままじゃない？　それは、精神にもよくないし、人によっては身体にも悪影響が出ちゃうし。

だから、どんどん怒りは、表に出していったほうがいいのよ。おかげさまでヮタクシは健康人生。

アンタたちも、もっともっと怒りを出して！　ムカついたことはその場でポイしちゃいなさい！

とはいえ、この世の中は、本音を言いたくても言えない人が大半だと思うわ。

このエッセイでは、ヮタクシが感じた怒りをみなさまにお届けする、そんなスカっとするコンテンツにするつもりだから、クリマン（ヮタクシのファンの方たちの総称）たちはついてきなさいね。

友達でも親でもイラっとしたら、No!No!No!

家族だろうが友達だろうが、一緒にいると「この人のこの部分が嫌だな」ってやっぱりイラっとする時ってあるじゃない？

たとえば、ヮタクシの見た目を冗談で茶化してくる人がいるとするじゃない？　ちょっとでも嫌だなと思ったら、その場で「ね？　それ嫌だからやめてくれなぃ？」って言うの、絶対に！

「ごめんね、もうしないね」っていう人もいれば、「何、その言い方？」って逆ギレする人もいるから、もちろんいい空気にはならないですわよ？

でも、それを言わないNPが多いのが実情よね。みんなさ、「関係性が壊れたら嫌だから」とか「変に思われたら嫌だから言えない」んじゃないかしら。

でも、放置したら同じことがもう一度繰り返されるわけじゃない？　ヮタクシはそれを我慢して、何もなかったような顔して関わっていく方が嫌なの！　仮に、それを言ったことでブチ壊れる関係なら、さっさとぶっ壊れてくれてイィのよ。だって、そんなの上辺だけの関係なんだから。

仮に、それで向こうが逆ギレして縁が切れるもんなら、さっさとそんな縁なんて切れてくれていいのよね。むしろ「縁が切れる関係なんだ」ってことに早く気がつくことにもなるし。

もし、ワタクシが相手に同じことを言われたら、「あっ、ごめん。気に障ったなら直すわ。ワタクシはそういうの全然気にしてなくてごめんね。今から変えるわね。今後も何かあったら言って？」って返しますわよ。だって、モヤモヤがない関係性のほうがいいわけじゃん！

だから、自分が嫌だってことや、怒りを感じたことは、相手にちゃんとスパーンッて伝えることは、ワタクシは大事だなと思っていマス。

嫌な気持ちをお持ち帰り人生とかありえないんだキロ

人ってどうしても感情に左右される生き物じゃない？　正直問題、嫌な気持ちを引きずろうと思えばいくらでも引きずれちゃうわけ。

でも、引きずったままでいると、自分の気持ちやテンションが悪いまま、その日を終えなきゃいけない。**それって最悪人生！　本気でNo！**　ワタクシも、過去に何度も同じ思いをしたわ。それこそ少年院に行った10代はもちろん、20代になってもイライラしたままだったの。

でも、気付いたの。自分の機嫌の切り替えは、時の流れに身を任せちゃダメなんだなってことに。

自分で意識を切り替えないと、最悪のまま1日が終わるし、なんならその後もこの嫌な気持ちが続いてしまうってことに、気付くことが大切。

自分が不機嫌だと、プリプリと不機嫌を撒き散らして、当然相手にも嫌な想いをさせちゃうし、自分の機嫌も自分で取れないまま、嫌な気持ちにグダグダ引っ張られて、最悪のまま一日が終わっちゃう。こんなやりとりを何百回も経験して、そのたびに気分は最悪だったの。

このまま帰って、寝て、イライラしたままだったら、嫌な気持ちお持ち帰り人生！　そうなったら、自己嫌悪に陥るじゃない？　一緒にいる相手も嫌な気持ちがシェアされちゃうし。でも、きちんと不満を伝えたら、気持ちがすぐに切り替えられるようになったわ。

意味不明な不機嫌に振り回されちゃダメ

似たような話で、先日うちの父が長年飼ってたペットが死んでしまって、落ち込んでたから、「気晴らしになってほしいな」と思って、父を呼び寄せて、交通費も滞在費も全部出して、1週間だけ東京で一緒に過ごすことにしたの。

でもね？　親って、やっぱり子どもに対しては、遠慮がないじゃない？　うちの父も意味不明に機嫌が悪かったり、態度がぶっきらぼうだったり……。もうとにかくイライラしっぱなし。

最初はヮタクシもかなり気は遣ってたのよ。

「せっかく父を地元から東京に呼んでるわけだし、ここでヮタクシが怒ったら全部台無しになっちゃう」って。

でも、謎の不機嫌状態が数日間続いたから、さすがのヮタクシも、途中でブチギレたわ！

「ヮタクシがァンタのためを思って呼んだのに、なんでそんな機嫌悪いの？　もっとこっちにも気を遣ってよ!!」って。

そしたら父も反省して「年を取るとテンションにアップダウンが出るんだけど、自分では機嫌が悪いことに気が付かなかった。これから気を付ける」って言われたわ。

そこからは、お互いに気を遣って過ごしたから、残りの日々は楽しく過ごすことができたの。

気を遣うって、他人行儀で悪いものだと思われがちだけど、ヮタクシはそうは思わない。**気遣いは、お互いが心地よく過ごすために、最低限必要なものだから。**

親だってあくまで一個人、一人の他人

この前、ヮタクシの地元の高知……ィヤッァッイェ～スッッッラグジュアリーシンガポールに帰ったんですの。私の地元にはまだ親が住んでる実家もあるんです。だけど、ヮタクシは地元に帰った時は、毎回ホテル宿泊一択なの。

家族仲もいいし、しょっちゅう会うし、一緒にご飯に行くほど仲良しなのよ？　でも、ヮタクシは、親のように親密な関係だとしても、性格が合う部分と合わない部分ってあるって思うんです。親密な関係である親に対してだって、不満を感じるのは一緒だと思う。

家族だから、血がつながっているから……と言っても、性格も違うし、考え方も違うのは当然。なんでも分かり合えるわけじゃないし、なんでも許せるわけじゃない。だから、**ワタクシはポリシーとして、親はあくまで一個人の他人として見ています。**

以前は、実家に帰るたびに、母とは大喧嘩になっちゃってたんです。どうしてわかってくれないのか、どうして仲良くできないのか。親だからこそ距離が近いし、ワタクシのことをわかってくれてるって甘えちゃってるから「なんでわかってくれないの？」って気持ちが募って、腹も立つじゃない？

でも、数年前に気が付いたの。いかに親でも、性格が合わないという事実は変えられないって。

そこで、母と話し合ってみました。

「ウチらって、お互いにイラっと来たらブチギレちゃうから、ある程度距離感がある方がいいよね？ ワタクシが実家に泊まると、四六時中一緒にいることになって、どうしてもいやなところが目について、喧嘩になっちゃう。よい関係性を築くためにも、少し距離を置こう？」って。そこで、お互いに譲歩できる点を探した結果、地元に帰っても、実家で寝泊まりはしないことにしたの。

そしたら、どうなったと思う？ 母とものすごくいい関係になったのよ！

会っても喧嘩しないし、お互いのことを外でよくしゃべるようになったし。イライラせずに、お互いのパーソナルスペースで過ごせるし、最高の関係。

みんな頭の中で「家族はいつも一緒にいなきゃいけない」って思ってるじゃない？ その一方で「実家に帰っても疲れるから、滞在できるのは3日くらいかな」とか呟いてる。

でも、ワタクシは家族だからずっと一緒にいなきゃいけないなんて、全然思ってない。仮に地元に帰っても、ランチタイムだけ会うとかディナーだけ一緒にするとかでいいのよ。「なんでみんなそんなに凝り固まっちゃってるの！」って言いたくなっちゃうんだけどね。

ブチギレたら、居心地の良い関係性ができる？

仮に家族仲が良くない人であったとしても、それは今の付き合い方がうまくないだけで、視野を広げればうまくいく関係性っていっぱいあると思うの。

みんな、よく言うじゃない？「実家に帰ればずっと親と一緒にいなきゃいけないから、帰るのは面倒くさい。だから足が遠のいちゃう」って。でも、もっと柔軟に考えてもいいはず。

親だって、子どもだって、親しい間柄だからこそ、「許してくれるだろう」って甘えるから、他人にはしないような嫌な表情やキツい言い方をしがちよね。

距離を取るという言い方だと冷たい感じがするかもしれないけど、もっと言えば「お互いにとってベストな関わ

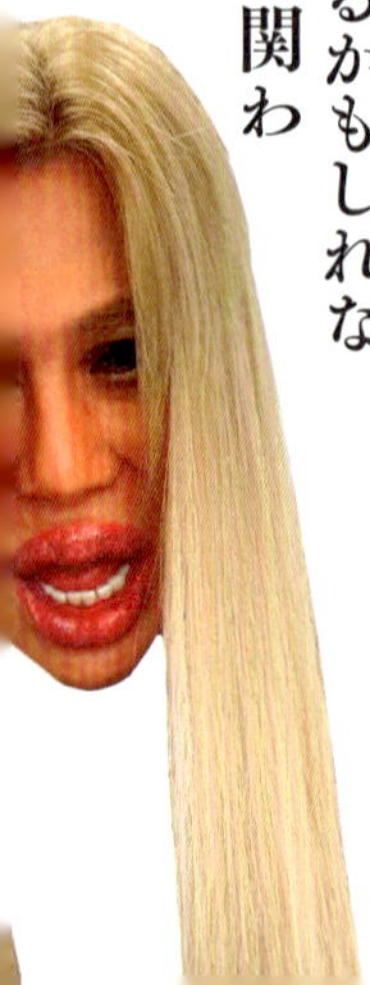

り方を見つける」ことが大事なんじゃないかしら。それは、片方が勝手に決めるのではなく、話し合いによって見つけるものだと思うから。

　ワタクシの場合、気になることがあれば、いちいち確認していきます。

「誰かとずっと一緒にいると疲れちゃうから、一人の時間が必要かなって思うの。お母さんはどう？」「帰ってきた時に、ちょっとだけ外で会うほうがお互い良い関わり方ができそうじゃない？」っていうふうに。

　お互いに、話し合いを通じてよりよい関わり方を見つけていくと、結果として物理的な距離ができたとしても、精神的な距離はグッと縮まるはず。一緒にいる時間は減っても、心のあり方やお互いの気持ちいい関わり方を見つけていくことが大事ヨッ。

　多くの人は、物理的な近さを維持しなきゃいけないって勘違いしてるけど、それ以外の関わり方は、話し合いでいっぱい見つけていける。

　それに、その場で解決できるという安心感があると、何があっても絶縁する最悪の結末には至らないでしょ？　思ってることを全部相手に伝えるのは、相手にとっても成長するポイントな気がしてる。その結果、ワタクシは親とのちょうどよい関わり方を見つけることができたワ。年を取ると人は性格を変えられないと言うけれど、うちの両親もだいぶ変わりました。

　だから、アンタたちに言いたい！　親しい間柄の相手に対してだって、どんどん怒っていいのよって！

労働なんて大嫌い！
意味ないもん！

私も含めた99・9%の人間が労働よりゴロゴロしたいに決まってるKARA（コリャのアイドル）。

頑張ったって給与は変わらないんだから、労働は最低限やればいいの！

労働するより、Netflixを見てたほうがいい

突然だけど、ワタクシはね、労働が大嫌い！

ごくごくまれに「仕事、大好き！」っていう人がいるじゃない？　でも、そんな人ってほんの一部よ。世の中の99・9％の人は労働は嫌だろうし、家でだらだらしたり友達と遊んだりしたいと思ってるはず。

世の中の大半の人はさ、打ち合わせするよりも家でゴロゴロしてNetflixでも見ているほうが楽しいに決まってるでしょ？　ワタクシだって、この原稿を書くよりもスマホ見てダラダラしたいわよ！

できれば、NO労働で生きていきたいわよね。でも、現実問題、食べていくには働かなきゃいけないいから、ワタクシも含めてみんな頑張って働いている。働くのは嫌だけど、やるしかないからやりますよ！って感じよね。

多くの人が勘違いしているのは、労働って頑張らなきゃいけないものだと思ってること。

世の中の多くの人は、労働をどれだけ頑張ろうが頑張らなかろうが、基本的には給与は一定なの（営業職とかインセンティブのある方を除きまして）。**頑張り過ぎたところで対価は変わらない。程よく力を抜くぐらいでいいとワタクシは思ってマス。**

海外のコンビニぐらいラフで良い

たとえばさ、海外のコンビニに行くと、店員が座って携帯とかいじってたり、ガムをかんでくっちゃべってたりするのよ。日本だったら「ぁりえないンだｷﾛ」ってSNSで大炎上案件。でも、海外のコンビニはお客さんが来たら一応ちゃんと接客するし、商品を並べたりもちゃんとする。つまり、労働自体はしているわけ。

日本のコンビニは、ずっと笑顔を求められたり、丁寧な接客を求められたりするけど、ﾜﾀｸシは海外のコンビニ店員くらいの温度感でいいんじゃないかしらっていつも思うの。

これと同じで、**どんな労働でも頑張りすぎなくていいの。自分の中で手を抜ける場所をどんどん見つけていったらいい。**会社に「頑張れ」と言われて残業して、命を削ってまで労働に身を捧げているけど、大半の人は給料なんて変わらないから。

もちろん「適当」って言っても、労働を放棄して、勤務時間中にスマホゲームやりなさいって言ってるわけじゃないのよ？

必要最低限のことはもちろんやる。でも、必要以上に頑張りすぎていた部分は、無理しなくていい。

はぁ……なんでアンタたちは頑張りすぎちゃうのよ！世の中の人は労働が大嫌いという前提があって、それを嫌いなりに頑張ってやっているから、程よく手を抜いていいんじゃないかしら。

上司にブチギレてもクビにはならない

仕事におけるストレスの大半は、人間関係のコミュニケーションだってよく聞きます。もし、仕事がイライラすることばっかりなら、その原因を取り除くのだって大事よ？

たとえば、気に入らない上司がいても、世の中の99％の人が我慢すると思うの。でも、ワタクシは相手が上司だろうと自分より目上の人であろうと、正直問題、許せないことは言います！

それでもし、向こうがなにか言ってくるんだったら、「それを言われると余計にあなたと仕事をしたくなくなるからやめて。**仕事をする上で、お互い良い関係でうまくいくためにもお互い普通にしましょうよ**」って言うわ！

なぜなら、会社員である以上は法律で守られているわけだから。ワタクシが社員だったとして何か言いたいことを言ったところで、会社は簡単に社員をクビにはできないわけよ。さらに言えば、本来、上司は部下を指導しなきゃいけない立場なのに、その上司に信頼がなかったら、会社にとっては損失でしょ。

だから、「そんなことを言うならお前はクビだ」なんて上司は簡単に言えないはず。なら、ワタクシは言っちゃうわよ。

「アンタがその言い方、直しなさいよ！　そんな言い方されたら、ァンタだってイヤでしょ？」って。

「言いやすい人間」になってはいけない

この前もヮタクシのすごく仲のいい友人が、上司と馬が合わなくて困ってたんです。

友人いわく、毎日出社するのが本当に嫌で、体にもそのストレスが出ちゃって、半ば病気っぽくなってしまったみたいなの。上司に「その言い方はやめてください」「その対応はやめてください」と言っても、ちっともやめてくれなかったんだって。

そこでヮタクシはこうアドバイスしたんです。

「アンタの上司の上司に『この人とは働けません』と伝えなさい」って。

そしたら、即「無理！」と断言されました。普通に（笑）。

実際のところ、99・9％の人は職場において自分の意見は何も言えないのよね。

本当にこれまでいろんな人から仕事の相談を受けるたび、ヮタクシは「何で上司に言いたいことを言えないの？」って何度も聞いたもの。大半の回答は「怒られたら怖いから」「会社に居づらくなったら困るから」「会社をクビになるかも」って怯えているのよ。

でもさ、**「別に言いたいこと言ってもクビにはならないし、居づらくもならない。むしろ、言いたい放題だった向こうがァンタに言いたいことを言いづ**

らくなるから、超ラッキーじゃん！　イィことしかないよ！」って伝えたの。

もし、そんな理由で社員をクビにしたら会社が罰せられるし、上司だって「あいつに言うと反抗してくるから、別の人に言おう」って攻撃の方向を変えるはず。

冷静に考えたら悪いことなんて、なにもないのよ。だからさ、みんなヮタクシに指摘されることで、「あっ、自分が気にしていることって、意外と大したことないんだ！」と気付く人がいっぱいいいます。

その友達も目が覚めたのか、いざ行動に移すと、即座に上層部に連絡がいって、上司は地方へ飛ばされてしまうことになりました……。誰もが知ってる大企業なんですけど、左遷とか本当にあるのね。おかげで、友人は今、平和に労働を楽しんでます。やっぱり行動って大事よね。

行動しなかったら、そのまま友人は悩みを抱えたまま、嫌々会社に行ってただろうし、上司のせいで体を壊していたかもしれない。

世の中には、「上司の言うことをおとなしく聞くしかない」というだけじゃなくて、もっといろんな選択肢があることを知っておいてほしいなと思いマス。

嫌な相手にペコペコするよりその場でキレてみたら？

ちなみに、この話って、会社員に限りませんからね？

たとえば、ヮタクシはテレビに呼ばれても、絶対にペコペコはしない。テレビに出るタレントの人の大半はペコペコするかもしれないけど、ヮタクシは「出てやってるんだ！」って思ってるわ。

正直問題、テレビに出なくても十分生活できるし、っていうスタンスだからよね。テレビを崇拝していて、「テレビがこの世の全てだ」と思っていたら、ペコペコしちゃうかもしれないわね。

尊敬できる人には、ペコペコしたらいいと思う。でも、何で好きでもない上司にペコペコしなきゃいけないのと思わない？

もしかしたらその場で怒られることはあるかもしれない。でもさ、考えてみて？　そこでァンタが反抗しなかったら、その嫌な上司がずっとブツブツ今後も言い続けてくるのよ。その場で怒られるのと、今後もずっと相手に文句を言われ続けるのとどっちがいい？　それなら、反抗しまくったほうがよくない？

自分がなんとなく怯えていることをよーく考えてみたら、「あら、意外と大したことなかったわ」「一度怒っておいたほうが得ね」と気が付くのよ。

だからね、**勇気を持つと環境って変えられる**のよ。

一歩踏み出して環境を変えるか、そのまま我慢していくか。まあ、どちらの選択肢を選ぶかは、その人の人生ではあるけれどもね。

たった一つでいいから好きな作業を見つけて

労働の苦痛は永遠に消えないかと思うけど、実は減らせるんです。その方法は、最低一つでいいから、好きだと思える作業を見つけること。

世の中の9割の人は、好きなことを職業にできてないから、労働が嫌になるのも無理ないわ。どうしても労働が嫌だって時、大切なのは、モチベーション探し。

誰しも、嫌いな労働の中に、何個かは「これをやってる時は楽だな」「別に苦にはならないな」っていう作業が隠れてると思うの。

ワタクシだって、好きか嫌いかで言ったら、こうやって原稿書く時間があるなら、ゴロゴロしたいわよ、そりゃ。

でも、クリマンのみんなが喜んでくれるのよね……と思うからこそ、こうやって筆も進むわけ。そういうモチベーションがひとつでもあれば、嫌いな労働がちょっとはマシに見えてくる。

MONEYが目的になって、働いたっていいと思う。

ワタクシも、この前、朝からジャンジャン電話がかかってきてて、「くそダルい！！！」ってブチギレてた。でも、大きなMONEYを運んでくれるクライアントだったから、許したわ正直問題（笑）。嫌なことでも、「お金がもらえるし」と思って許せるならやるといったふうに、自分の中で落としどころを見つけるのが大事。

一番ダメなのは、嫌だと思いながら行動せずにグダグダすること。

「自分はキャリアアップしたいから、上司の言うことがどんな嫌なことでも、一応従う」と決めたなら、それはそういう選択肢だと思うの。キャリアアップのため、給料のために我慢するなら、「こういう理由があるから自分は我慢する」ときちんと決めておけば、我慢も前よりは苦じゃなくなるはずよ。

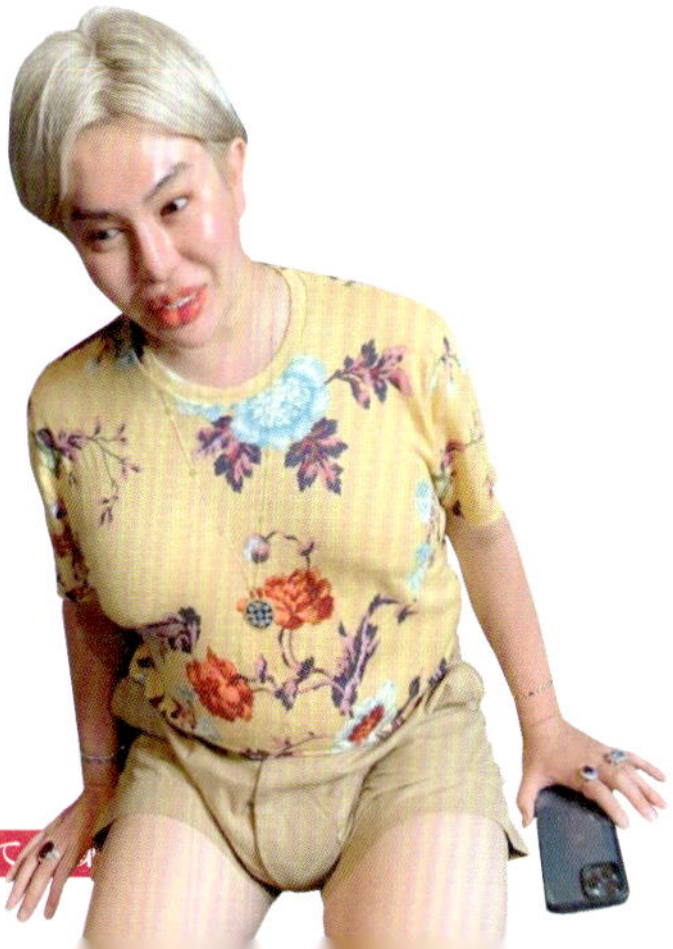

言いたいことを言い合えない
ほうがPOISON

自分だけ言いたい放題言って
スッキリしても、
相手がスッキリしてくれなかったら、
フェアじゃないから。

怒った後は、相手にも
気になるところを
教えてもらう。

不満を言った後は「アンタの不満」も言ってもらう

いつも言いたい放題言ってるヮタクシだけど、ある程度、親しい相手に不満を言う時は、事前に必ず言うことがあるの。

「あなたもヮタクシに思ってることがあるなら改善していくから、今、全部言って？」

って。

話し合いなんだから、ヮタクシばかりが気持ちよくなるんじゃなくて、向こうからもちゃんとヮタクシへの思いを伝えてほしい。話し合いの機会を設けているんだから、お互いが言い合える立場になりたいの。

だから、思っていることがあったら、相手も遠慮せず、全部言ってほしいのね。

相手の嫌なところは我慢したくないから、相手にも自分の嫌なところは我慢してほしくない。いい関係を築く上でも、このポリシーは大事なんじゃないかなって思うの。

イイ思い出を増やすためにも言いたいことは言う

ヮタクシがそう思うようになったきっかけは、ずっと前に友達と旅行した時のこと。

その友達とはずっと仲が良かったんだけど、旅行中に店員さんへの態度が冷たかったり、ちょっとした気遣いがなかったりする相手の行動が目について、だんだんすごくムカついてきて……。

もちろん、そのまま我慢することもできたでしょうね。

でも、考えてみて？　もし我慢したとしても、旅行はまだまだ続くのよ？

ご飯も宿も一緒に過ごさなきゃいけない相手と、残りの日程、全部一緒にイライラを隠したまま過ごす方がつらいし、せっかく旅行に来ているのに、その人との良い想い出が減っちゃう。

みんなさ、「嫌な気持ちは自分の中で解消しなきゃ」って思いがちだけど、そうじゃないの。

自分が今、気持ちを切り替えないと、自分も周囲の人も嫌な気分でいるってことに気が付くべきだし、イライラしても「ここでもう終わらせよう！」っていう気持ちをもって、自分の中で割り切ることが大切だって思う。

そこで、旅行の真っ最中、その友達には、ワタクシが嫌な部分を全部伝えました。その後に、ワタクシ、こう言ったわ。

「アンタにはワタクシも言いたい放題言ったし、アンタも気になったことがあったら言って？　お互い、言いたいことを言ったら、これでおしまいにしましょうネ」

その時、すごく気持ちがスッキリしたの。その場で、ぱたんとイライラも収まったし、「あ、もう言いたいことを言ったから大丈夫。後は旅行を楽しもう！」ってスイッチが切り換わったから、イライラした感情は全部忘れて友達と楽しめたってワケです。

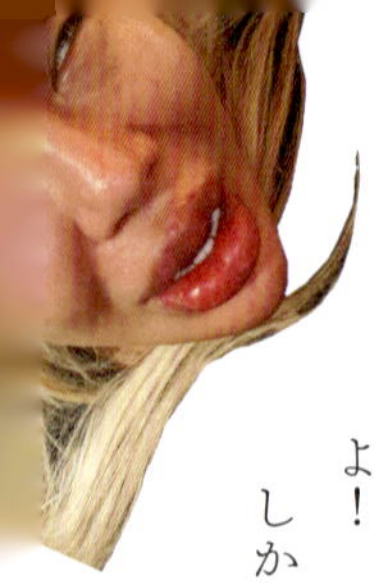

自分だけがスッキリするのはフェアじゃない

ここで大事なのは、自分だけじゃなくて、相手にもスッキリしてもらう姿勢だと思います。

自分だけ言いたい放題言ってスッキリしても、相手がスッキリしてくれなかったら、フェアじゃないわよね。

だから、相手にも「あなたも思っていることがあったら言ってほしい」って伝えてほしいの。

そこで、相手が言い終わったら「あなたもスッキリした？　じゃあこれで終わりにしよう」っていうアクションを自分から起こしてほしいの。

もし、相手から何か苦情を言われたら、「ヮタクシは悪気がなく行動しちゃってたから、もし気に障ってるなら本当にごめん」って即謝る。ヮタクシは何度も自分から謝ってます。

仮にその指摘がヮタクシの意図とは違っても、相手はそう受け取ったのならそういうこと。コミュニケーションって相手がどう受け取ったかで決まるものよ。だから、相手が嫌だと思ったなら、そこは「ごめん」と謝る。

このやりとりがきっかけで悪くなった人間関係なんてほとんどないわね。むしろ、「意見を聞いてくれてありがとう。ヮタシも思ってたけど、言えなかったの」って言われることばかりよ！

しかも、その後も「何かあったら、お互い言い合おうね」って言えるから、より良い関係に

なれるの。

多くの人は、不満がたまりまくった結果、一人でブチギレて「もうコイツはいいや！」って勝手に疎遠になるんでしょ？　ワタクシは大事な相手とそんな風になりたくないし、人間関係を育んでいくってこういう一つひとつのやりとりが大切だと思うの。

むしろ、「素直に言ってくれる人なんだ」「こういうことが気になる人なんだな」ってお互いのことがよく分かって、信頼関係が生まれるきっかけにもなるはず。

時々この話をすると、なかには、「相手が気にしやすい人だから、そんなふうに突っ込めない！」って言う人もいる。

でもさ、相手のことを気にしすぎたって仕方ないわよ？　そもそも自分を嫌な気持ちにさせた、その人が悪いんだから。

それを指摘したことで相手が気にしたとしても、**「元はといえばこちらをその気持ちにさせたアンタが悪いんだから、先にアンタ直しなさいよ！　むしろ、ずっとそのせいでイライラさせられているのはこっちなんだから！」**って思うわ。

バスツアーで感じたマネージャーへの怒り

こないだ「やっぱりお互い不満を伝え合うことって大事よね！」って思う瞬間があったんです。

ワタクシ、数か月前にクリマンを対象にしたバスツアーをやったのね？

クリマンは、みんな思いっきり楽しんでくれたと思うｷﾛ、制作側ってやっぱりバタバタするので、気持ちにも余裕がなくなっちゃうし、疲れてピリピリしてたの。

そんな時に事件は起きたわ。

事件が起きたのは、1泊2日のバスツアーの2日目。ツアー終盤で、大変な崖を下って広々とした恋人岬という場所に行って、みんなで記念撮影する時、動画撮影のためにﾜタクシが走るシーンがあったんです。

そしたらｻﾞﾏｽ！　あろうことか、ﾜタクシが崖でステーンと転んだのよ！　大コケだったから膝をすりむくし、身体にも傷はつくし……。アァン！　最悪人生！　痛みに悶えていたら、真っ先に駆けつけてくれたのが、ﾜタクシのメイクさん。あと、ファンのクリマンたちも「大丈夫ですか、アレン様？」って心配してくれたの。

いや、ぉかしぃ、おかし過ぎるわ。ちょｯﾄﾝお待ちなさい、どうゆぅコトなのょ。

本当は最初にﾜタクシのことを気にしなきゃいけないのはマネージャーなんじゃないの！！！　マネージャーは何してたのかっていったら、ぼーっと突っ立ってその様子を見守ってただけ！　その瞬間、ﾜタクシはかなりイラっとしたわ!!

でも、親愛なるクリマンたちも大勢いるし、時間もタイトだったから、そこの現場でブチギレるわけにはいかないじゃない？（一応ﾜタクシにも常識はありますｷｬﾛﾙ）だから、

その時は我慢をして怒りを持ち帰ることにしたの。

ツアーが終わって、みんなが解散して、マネージャーに家まで送ってもらう時も、ずっとイライラしてたの。その後、家に帰ってから2〜3日経っても、イライラは止まらなかったわ。

気になることはそのまま放置しない

その3日後、どうしてもこのイライラを伝えないと旅は終えられないと思ったから、マネージャーを近所のカフェに呼び出して、全部伝えることにしたの。

「ワタクシがケガしたら駆け寄るのはアンタの仕事なンじゃないのカフォーラ？」

「おタバコ、吸い過ぎなンじゃないの？　ワタクシが、Boysを吸うみたいに」

とにかく気になってたことを全部伝えた後、ワタクシ、こう言ったわけ。

「今までの発言に対して、何か意見ある？　どうして行動しなかったか、具体的に答えて？別に嫌々来てもらいたいわけじゃないから、マネージャーを継続するかしないか、今ここで自分で決めて」とハッキリと伝えたの。

すると、マネージャーからは「僕はこれからもマネージャーをやりたいし、自分で気が付けなかったことを言ってもらって良かった。今後はしっかり気を付けます」と言ってもらえたの。

もちろん、私も言いたい放題言ったからマネージャーに「最後に、気になる点があったら教えて？」って聞いたわよ。そこはやっぱり、お互いすり合わせをしないといけないじゃない？

実際この話し合いの後からは、彼の行動がガラっと変わって、今はすごくいい関係になったもの。

自分では気が付かないマイナスの部分って、誰かに言ってもらわないと伝わらない。それに気になることはそのままにしておかない。ワタクシも言わなかったり聞かなかったりしたら満足できない。だから、嫌なことがあったら伝えるって大事なのよ。

【アレン様7ルールズ】
クリマンたちのために、特別に7つのルールを教えて差し上げるヮ。真似したらァータもヮタクシのように美しくなれるはずョ……!

RULE 1

飲み物は水が9割

ヮタクシはいつも基本的に、果糖ぶどう糖液糖が入ってる飲み物は飲まないの。でも世の中の飲み物のほとんどに入ってるのよ。だから、ヮタクシはお茶、水、コーヒーしか飲まないの。

これはヮタクシのポリシーなんだけど、食べ物より飲み物の方が糖尿病になるっていうのを聞いて、飲めば飲むほど糖分を吸収しちゃうだろうから、ヮタクシはジュースを絶対に飲まないのよ。ジュースを飲むしかないとしたら、フレッシュ果汁100%しか飲まないの。

もうちっちゃい頃からジュースは飲んでなかったわ。青汁は大好きだったから、ばかすか飲んでたけど。荒れてた中学生の頃なんて、すっごくかっこつけて体に悪いこともしたけど、家に帰ったらシェーカーで青汁作って飲むような子だったヮ。それぐらい飲み物に対しては、意識しているのよ。

アンタが何してようが
世界は回る。だから
やりたい放題おやんなさい？

誰がどうなろうと、
世界は普通に
回っていくから。

「私なんかがいなくても
この世界は回っていくから死のう」って
ネガティブにとらえるんじゃなくて、

アンタが生きててもぁの世にィッても
世界は回るんだったら、
アンタも図々しく堂々と生きなさいョッ。

お前は何を求めてるのカフォーラ？　どんどんブチギレァゲなさい！

「相手にブチギレても嫌なところは言え！」って言ったじゃない？　その件について人間関係に悩むクリマンたちから激しく共感を得たから、もうちょっとだけ踏み込もうと思うザマス。

私はね、**人間関係でブチギレァゲることって、大事だと思うの。なぜなら、怒ることは、その人に気付きを与える行為でもあるから、相手とよい関係を築きたいなら、むしろその場で言ってあげるべき。**対面で怒られる体験って、大人になるとほとんどなくなるじゃない？　だから、「あぁ、ここが地雷なんだな」って記憶に刻み込まれるから、ほとんど同じことは繰り返さなくなるはず。

むしろ問題は誰かに怒ることじゃなくて、イラッときても我慢しちゃって、自分でこらえて、ストレスを抱えてしまう人があまりに多いこと！　たまに職場の関係で悩んで自ら死を選ぶ人もいらっしゃるでしょ。でも、ワタクシはいつも思うの。**「死ぬぐらいなら、相手をブチ殺すくらいの気持ちで生きていいのよ！」**って。

パートナーやお子さん、親、上司など、自分と関係が深い相手ほど、言いづらいことも増えていくものだと思う。でも、もし、提案して改善してくれないなら、距離を取ることを考えたほうがいいわよネッ…。

直接何回も伝えたのに、直してくれない。むしろ、反論してくる。そんな人と関係性を続けても、意味がない。**ブチギレは、その人と縁を切るか切らないかの大きなターニングポイントでもあるの。**そのターニングポイントが早くわかればわかるほどに、人生の時間を無駄にしなくて済むはずだから、どんどんブチギレなさい？

ただ、大事なのは、言いたいように言って謝ってもらったら、その場で一区切りしていくこと。「謝ってくれたから大丈夫。こっちもいろいろ言っちゃってごめんネ」で終わりにする。それが、相手との関係を築いていく上で一番大事なことだと思うの。謝ってもらったのに、根に持ち続けるのはダメ！「謝ったのにいまだに根に持ってるって、お前は何求めてるの？何、MONEYが欲しいの？」っておかしな方向に関係がこじれてくるから。

思いやり優先で人生を生きるなんて、ありえないんだキロ？

ワタクシが自分のポリシーにしているのは、人間関係は自分優先でいいってこと。人間関係では自分が常に優位に立つべきなの。どちらかが遠慮をして自分が優位に立つことを諦めちゃうと、筋の通った話し合いや提案すらもできなくなっちゃうから。

日本人は「思いやりが大事」って意識が強いから、自己主張するのは罪みたいな雰囲気があるわよね。でもね、思うの。**自分が相手ばかりを尊重してたら、全部相手に合わせることになっちゃう。**それって、もはや自分の人生じゃなくて、他人の人生よね。本当に楽しい？だったら、**もっと主張したほうがよくない？**

たとえば、友達とご飯に行って、自分は洋食が食べたくて、友達が和食を食べたい時。そこで自分が優位に立たなかったら、「じゃあ、和食に行こうか」と本来自分がやりたかったこととは真逆の行動をとるわけよね。でも、やりたいことがあるのにやらないのは、時間とお金を使って満足度が下がった状態で人生を生きるのと同じよね。それって、最悪人生！

だったら、「ワタクシは洋食がいいけど、アンタは和食がいいのよね。だったら、この店はどっちのメニューもあるから、ここにしない？」って提案すればいいじゃない。どうしても友達が譲れないなら「じゃあ自分が会計を8割出すからどうしても和食がいい」って提案してくれるかもしれない。もしくは「今回は洋食にするから、次回は和食ね！」って自分の言い分が通る可能性もある。ちゃんと話し合いをした方が、確実に納得感は高いはずよ。

堪忍袋のブチギレそウッ〜ッな時は、すり合わせが大事

誤解しないでほしいんだけど、ワタクシは自分だけが一方的に主張したいわけじゃないのよ？　だって、ワタクシ、他人に合わせてもらうのは大嫌いなの！　自分の希望と相手の希望をできるだけすり合わせて、お互いが最大に満足できる状況にしないと居心地が悪いもの。

仮にご飯を食べに行くって時に、「何でもいい」と言われたら、「じゃあ和洋中ならどれがいいの？」と全部聞き返しマス。「自分はあくまでもこうしたい」という意見は言いつつ、相手の意見も確認しマス。

この前、友達と食事をした時のこと。その日のワタクシは食事の前にチョコレートを食べたかったの、どうしても！　でも、相手がご飯を先に食べたい可能性もある。そこで、「ワタクシはカフェに行ってチョコレートを食べたいんだけど、どう？　でも、無理に合わせなくていいよ」って質問したの。そしたら相手は「じゃあ自分はいまチョコを食べたくないから、コーヒーだけ飲むことにするわ。そのあと、食事にいきましょ！」と、お互いの着地点を見つけられたの。でも結局彼は、チョコレートの誘惑に負け、ワタクシのあまりに美味しそうに召し上がる姿を見てか、ガトォーを頼みだして食ってたわよ（笑）。


ワタクシは自分が優位に立ちたいけど、相手にも自分自身を優先してほしい。だから、自己主張する際は、相手の希望を引き出すことも意識するわ。**どちらか一方の希望に偏るんじゃなくて、お互いが意見を言い合って、一番よい状況を見つけましょ。**

これってすごく健康なコミュニケーションじゃないカフォーラ？

自責はダメ

ところ（ジョージ）で、今の日本は、自分の気持ちを明確に相手に伝えられない人がマッコト（野々村）に多いわよね！

そうなる理由の一つは、日本人の頭に叩き込まれている「他人を責める他責はダメ。自分を責める自責が大事」っていうマインドだと思います（太一アナ）。

だから、何かつらいことがあっても、みんな「自分が我慢すればいいんだ」って思っちゃう。でも、ワタクシは真逆だと思ってる。**自責はダメで、他責でいいの。** もちろん犯罪を犯すとか確実に自分が悪いことは自責だと思うわよ？　でも、それ以外のたいていのことは、他責でもいいのよ。

たとえば、労働がつらくて精神的に落ち込んじゃう人は、「残業なんかお前がやれよ！」と上司に言って帰ればいいの。「いや、怖くて言えないです」って言われるけど、別にアンタがそう言ったって、会社をクビにはならないんだから大丈夫。

なんで、労働ごときで、アンタが死ぬほどつらい思いをしなきゃいけないのョッ！

最近、多くの人が、他人に言いたいことを言えずに、我慢してぃるわよね。相手に突っかかっていけない理由は、やっぱり自責なのよ。「自分が変なことを言って、嫌われたらどうしよう」って思ってる。でもね、そんなことで嫌ってくる相手なら、そんな人間関係は切っちゃいなさい。

だから、これを読んでいるアンタたちもそうよ。「アレン様みたいになりたい」「アレン様マインドを学びたい」って言うなら、**いますぐ自責をおやめなさい。自責をし続けてたら、ワタクシみたいには絶対になれないからね！**

人とケンカしたら、「ワタクシがイラつかせる言い方をしちゃったのかな？」って自分が我慢するんじゃなくて、「私をイラつかせたお前が悪いんだよ！」って言えばいいの。**いちいち自責してしまうその考え方、いますぐ叩き直しなさい！**

アンタがいてもいなくても地球は回る。だからこそ、強くお生きなさいよ！

「自分がいてもいなくても世界は変わらない」って言う人が、たまにいるわよね。たしかに、誰がどうなろうと、アンタがいなくなっても世界は回っていくわ。

だけど、「私なんかがいなくてもこの世界は回っていくから、いなくなったっていい」なんて思うのはやめて？

正直問題、アンタが好き放題に言っても、思う通りに生きても、世界は普通に回っていくわ。ついでにいえば、アンタが絶望しても、相手はそれを重大だと思わない。どんなにふさぎ込んでも、相手は「自分はそんな悪いことをした」なんて全然考えてない。だから、アンタも同じくらいの熱量で、相手に言い返しておやりなさいよ！

アンタが生きてても死んでも世界は回る。どっちにしたって世界は回るから、図々しく、堂々と、やりたい放題やって、強くお生きなさいョッ。

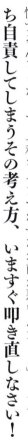

RULE 2

24時間換気扇はフル稼働

家でもホテルでも換気されてないところが大嫌い！　だから、基本的に窓をずっと開けているわ。窓がなければ、換気扇を24時間フル稼働。臭いがこもっていたり、部屋の気が淀んでるのが嫌だから、ヮタクシの実家にも強制的に空気清浄機を導入しました。3台も【小太り大爆笑】。

ホテルステイの時は、ホテルのBoysに空気清浄機を即持ってきてもらって設置、フルで稼働。ガーッて起動音が鳴り響いていると「うるさい」ってクレームが入ることもあるけど、「なんなのよ！　ァータのほうがうるサイ（城秀樹）！」って言って、MAXにして空気を綺麗にしているわ。だって、ホコリってすごいから。布団をはいだだけでバーって舞うじゃない？　ほこりは肌にも悪いし、吸うのも嫌なの。だから、常に換気は100%。換気扇は常に24時間稼働。空気清浄機を切ることは一生涯ないヮ。

いじめるやつは地獄へと
転落してゆくだろう

いじめられてる人は、
好きなだけ怒りを
発散させなさい。

ワタクシを見てよ！
好きなようにやった
結果、こんなに幸せに
なれたんだから！

ワタクシにもあった人生の中で「怒れなかった」時代

「なんで、アレン様はそんなに不満を言えるんですか？」って、本当にいろんな人に聞かれるんだけど、答えは簡単で「性格」としか言いようがないの！

本で学んだわけでもないし、友達から教えられたわけでもない。気が付いたらブチギレてるのよ。我慢できない性分だから、相手に伝えた後はスッキリするって自分でもよくわかってるの（笑）。まあでもこれがワタクシだから、仕方ないわよね！

ただね、そんなワタクシにも、すごくつらくても、すごく傷つけられても、怒れない時代もあったのよ。それは、クラスの女の子にいじめられた中学生の時のこと。

ちょっと話がさかのぼるけど、小学校のころ、ワタクシはオカマって呼ばれるのが嫌で嫌で仕方なかったの。そんな風にからかわれるのも嫌だったから、そんな自分を変えたいなってずっと心のどこかで思ってた。

その当時、小学校の同級生は、だいたい公立の中学校に通ってたので、メンバーが変われば環境は変わるはず、と思ったの。だから、自分自身を変えて新しい環境に行きたいって思ったワタクシは、お受験をして別の中学校に進学することにしたの。

無事に受験に合格して、誰も自分のことを知らない土地にいったワタクシは、小学校時代とは違う「男らしい自分」を演じるようになった。

たとえば、小学校のころは自分のことを「ウチ」と呼んでたから、中学校では「オレ」と呼び方を変えてみたり……とにかくいろいろ頑張った！

もともとお調子者だし、新しいお友達もどんどんできて、自分が思い描いていた理想の環境になっていったわ。

「普通になりたい」思いが、壮絶ないじめを生んだ

ただ、ここでひとつ問題が。**みんな知ってると思うけど、ヮタクシって凄まじい程かわいいでしょう？　当然なンだキロ、中学校では女の子たちから、モテモテ人生だったのょ。普通に（笑）。**

そんな中、一人の女の子に、ヮタクシのことが好きだと告白されたの。

当時、ヮタクシは、男性は男性らしく生きて行くことが普通で、世の中で言う【世間一般的な幸せ】を手にするには、女性的な感性を押し殺さなきゃいけないんだよねとも知っていたんです。

誰よりも強く「普通になりたい」と思ってた当時のヮタクシは、その子と付き合うことを決めたんです。

ただ、付き合った後も、やっぱり相変わらず人気者だったから（笑）、その子以外の女の子

とも普通に話をしたり、帰ったりとかしてたの。

そしたら、彼女から次第に「アレンって、私に隠れて浮気しているんじゃない？」って思われるようになったみたいで。もちろんヮタクシには悪気なんて一切ないのよ？

当時のヮタクシの性格って、すごく破天荒で、結構ギャーギャー騒ぐタイプ。もちろん調子に乗っていた部分もあったし、クラスでみんなの笑いを取ったり、ちょっとお調子者みたいになって目立っていたので、鼻につく女の子や男の子もいたかもしれない。

そんな中、逆恨みした彼女が、「アレンが浮気した」「アレンが私を裏切った」とクラス中の人らに吹き込んでいったようで、少しずつ、ヮタクシと距離を取るクラスメイトが増えていったんです。

さらに、その子が「アレンと話したら、仲間外れにするよ」と言い続けた結果、気が付けば、40人のクラスの中で39人がヮタクシの敵になっていたの……。

「もうここにはいられない」と思った、授業中に回ってきた1枚のメモ

お調子者だったヮタクシには、いじめへの耐性なんて全然なかったから、最初はいじめられている感覚なんて全然なかった。

誰しもそうだと思うけど、一日で気付くことはなくて、ちょっとずつ違和感の積み重ねから「あれ、自分いじめられているな」と気付いていくものなんでしょうね。

たとえば、友達に話しかけた時の態度が、いつもと違う。いつもは誘ってくれる子が、今日は誘ってくれなかったり。教室の掃除の時、自分の机だけ片付けてもらえなかったり、机の中身の教材を全部捨てられていたりとかね。

どうしよう、書いてて涙が出てくるんだけど、決定打となったのは、授業中に回ってきた1枚のメモだった。

いつもの授業中に、前のほうから私に1枚のメモが回ってきたの。

「なんだろう」と思って広げてみてみると、クラス全員一人ひとりが書いたヮタクシへの悪口が紙一面にびっしり書かれてたの。

それを見た時、自分の中で何かがドカンと爆発したわ。 そして、授業中にもかかわらず、走って教室を出て、一人で走って保健室へ駆け込んで、ひたすら泣いたのを覚えてる。言葉にならないあの気持ちは、今思い出しても、胸がぎゅっとつかまれたような気持ちになる。

「クラスの全員が自分のことをこんな目で見てたんだ」

「もう教室には居場所がないんだ」

って感じた絶望感は、忘れられない。

今だったら、「その時に関わっていた友達なんて、大人になったら関わらないんだから無理

しなくていい」っていくらでも言えると思う。

でも、その当時、ワタクシの世界は学校がすべてだったの。

しかも、自分で学校を選んで、受験して、初めて自分で作り上げていこうと決めた矢先だったのに、その場所でいじめにあったことで、その世界がなくなってしまう衝撃っていったらもう、なかったわ。

今だったら、思いっきり相手の頭のヘァ毟りちぎり、ぶッ叩きァゲたでしょうけど。でも、世の中のこともわからなかった当時は、怖くてどうしてもできなかった。

「いじめたやつらを見返したい」という気持ちから不良の道へ

この話には後日談があります。

ワタクシが保健室に駆け込んだ後、事情を知った先生から「これは大問題だから、一度家に帰りなさい」と自宅に帰されたの。

ワタクシは自分がいじめられていることを親には伝えてなかったんだけど、これを機に親も知ることになって。その日は、**涙を流しながら「もう無理に学校に行く必要はない」と言ってくれた母と二人で抱き合って泣きました。**

でも、やっぱり、いじめられたのはすごくショックだったの。だから、その反動で、いじめたやつらをぶっ飛ばしたくて仕方なかった。

学校にはあまり行かなくなったヮタクシはどんどん荒れていって、悪い友達とつるんで不良になって、中学1年生の後半は、学校に行くだけでみんなが怯えるぐらいに荒れて、挙句の果てには少年院に行くことになりました。

学校には3年間在籍して卒業したけど、中学2年の後半からは少年院に入ったから、結局最初の8~9か月しか通ってないの。

ただね、ヮタクシはこの結果に対して、全く後悔してないわ。

不良になるのが良いか悪いかは置いておいて、「絶対にあいつらを後悔させてやる」という気持ちが抑えられなくて、そんな持て余した火山のマグマのような原動力が、非行という形で出てきたんだと思うから。

ちなみにいじめてきた主犯格だった子は、中学校を退学させられたのか、自主退学だったのか、とにかく退学して、ヮタクシたちが通っていた進学校から公立中学へと転校になったって聞いてるわ。

今、いじめられている子に伝えたいこと

もし今、昔のヮタクシみたいにいじめられている子がいるなら、こう伝えたい。「**学校は、あなたの人生においてあなたのすべてじゃない**」ってこと。

学生にとって、学校がすべてになっちゃうのもよくわかってる。だけど、別に嫌だったら、

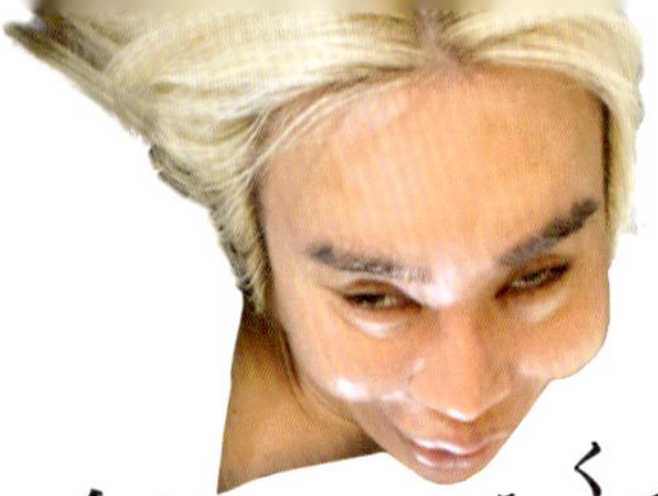

行かなくていい。理科で習ったフラスコの使い方やリトマス紙の判別の仕方や、数学で習った因数分解なんて、社会人になってヮタクシは一度も使ってないし。

学びたければ独学でも学べるし、仮に学校に行かなくても選択肢なんて腐るほどある。それに学校に通っていた時間より、学校を出た後の人生のほうがずっと長い。

当時のヮタクシは、教室から逃げて、学校に行かなくなって、不良の道に入ることが精一杯の行動力だったけど、人によっては、いじめられて自殺を選んでしまう人もいると思う。

でもさ、自分で死を選ぶくらいなら、いじめてる相手を怒鳴りつけて、ヘァ毟り千切って、顔を平手でぶっ叩きァゲて、一度スッキリとするまで自分の感情に身を任せてぶちまけて頂きたいゎ。誰かが止めてくれるまで。

私だったら、どぅせ自殺さぇよぎるほど思い詰めてるのであれば、最後くらい爆発させてとことんャッてャリたいわ。

そしたら気持ちが意外と、変わるかもね♪

人生は、良くなるに決まっている

いじめられている子に伝えたいことが、もうひとつあります。

今は人生のどん底かもしれないけど、いじめが一概にその後の人生を最

悪にするわけじゃないってこと。

ワタクシ自身、一瞬で人生のどん底には突き落とされたけれども、あの時の強い怒りのエネルギーがあったから今があるとも思う。いじめられた当時のことは思い出したくないし、思い出す度に胸が苦しくなる。でも、あの経験があってよかったと思う部分もあるの。

あの時は、本当に何度も泣いたし、つらい思いもしたわ。

でも、本当に申し訳ないけど、今、ワタクシをいじめた人たちより、ワタクシの方が幸せに暮らしてるって自信を持って言える。

あのいじめがなくてあいつらを見返してやりたいという気持ちがなかったら、ワタクシは今、こんな風に発信してなかったかもしれない。

芸能の仕事を始めた理由のひとつに「もっと有名になって、あいつらが付いてこられないような場所に行きたい。1回でいいからテレビに出たい」ってずっと思ってたから。だからテレビにも出られたし、こうして芸能の仕事にもやりがいと誇りを持って「発信」をする仕事が出来るんだと思うザマス。

だから、**今いじめられているなら、アンタもワタクシを見習ってワタクシみたいに生きてみてほしいの。「あの豚野郎！」と言ってブチギレてもいいし、学校に行かなくてもいい。そいつらを見返してやるという気持ちで、好きなように生きなさいよ。**

ワタクシを見てよ？　好きなようにやった結果、こんなに幸せになれたんだから！

いじめるやつは「逝ってよし」

感情論だけで言うけど、正直、いじめをする人は「逝ってよし」って思ってます。
なぜなら、いじめは人を殺す可能性のある行為だから。

もし、今、誰かをいじめている人がいたら言いたい。他人にしたことは、絶対にいつか自分に返ってくるわよって。

いじめている最中は、誰かをいじめることで優越感を抱いているかもしれないけど、5年後か10年後か50年後か、自分に来るのか、自分の親や子に来るのかわからないけど、何かしら悪い影響は絶対に起こるから。

だからね、間違いなく「あの時、あんなことをしなければよかった」って思う日が訪れるはず。誰かをいじめたことがある人は、その瞬間を楽しみにして、残りの人生を生きていきなさいよ？

RULE 3

スマホやドアノブは毎朝除菌

誰も信じてくれないけれど、ヮタクシね、肉眼で菌が見えるの。嫌でも菌が見えてしまうから、毎朝絶対に、起床してすぐ除菌シートで画面やドアノブをフキフキしているわ。とにかくフキフキしているから、ＮＰ《ノーマルピーポー》が所有する36倍近く除菌シートを使っているのよ。アァン!!! 菌が見えない!!! 最高!!!って思えるまで拭き続けているわ。気付いたら10年近く継続しているわよ。

ちょっと潔癖が入ってるんじゃないかしら?って思う人もいるわよね。確かにそうかもしれないわ、でも嫌なのよねとにかく。人間が毎日シャワーを浴びるように、常に意識してスマホを綺麗にしないと雑菌だらけじゃない。残念ながら、ヮタクシはもう目で菌が見えてしまうから、絶対に除菌シートで拭きたいわね。

いつまで脇役人生？
人生の主役はアンタなのよ！

アンタが思っているほど、周りは大変良い意味で
アンタのことを見てないし、興味もない。
だから、ラクに、好きなように生きなさい！

ワタクシの怒りで、乱気流さえも止めて見せますわよ？

よく「どうにもならないことには怒ったって無駄だ」って言うじゃない？　でも、ワタクシは全然そうは思わない。むしろ、怒った方が丸く収まることって、たくさんあると思うの。たとえ、自然現象が相手だろうと、ワタクシは怒り狂うわよ？

この前、ワタクシが、大変!!怒りァゲていたことがあるザマス。

それは、日本の夏の暑さについて！　**もう無理、ここ最近の夏は毎日暑過ぎナンだキロ……！**

この間、日本中が暑くてアラートが出た日があったけど、その日、ワタクシが仕事のロケで、どこに行ったと思う？　そう、なんと、日本一暑いと言われる熊谷に行ったのよ！

その日は出だしから大変だったワ！　新宿駅から特急に乗って熊谷に行く予定だったのに、電車が30分くらい遅延……！

オォーノー（智）！　こんなクソ暑い中、ホームで30分も待てるワケがないでしょ？　アリェナイ！　キレ散らかしながら階段を駆け上がって、涼しい場所を探し求めたわ。でも、カフェーラも混んでるし、入れる店もない。そこで、ワタクシはどうしたかというと、駅の構内にある高級スーパー・KINOKUNIYAの冷蔵庫にへばりついてたの。

ただ、何もしないで30分近くウロウロしてるのも申し訳ないから、お礼もかねてお買い物をするじゃない？　おいしそうなおにぎりやパンも買うじゃない？　でも、高級スーパーだから、パン1個が３００円くらいするのよ。気付いたら４０００円分も買い物しちゃってたのよ！

正直問題、買い込みすぎ【小太り大爆笑】。

だけど、そこに置き去りにするわけにもいかないので、大量の食材を入れたビニール袋をもって、熊谷に行くことになっちゃったの。「なんでヮタクシが何千円分も食材を買わされて、いま食べるわけでもない重い食材を持ち歩かなきゃいけないのよ！　夏が暑いからいけないのよ！」ってブチギレたわよ！

でもね、ここで話は終わらないザマァスの。

当然ながら、日本一暑い街・熊谷に到着してからも大変だったわ？

その日の気温は38度くらいだったんだｷﾛ、体感としては45度くらい。暑くて危険過ぎるから、マジで人が歩いてないの。ありえないんだｷﾛ！

当然、移動中から、ヮタクシはずっとブチギレっぱなしよ！

ロケ自体は冷房がギンギンに効いた涼しい場所だったからまだよかったけど、問題は撮影の2時間後……。いきなり、ヮタクシの喉に激痛が走ったの。しかも、鼻水も止まらない。焦ってドクターに相談したら、こう言われたわ。

「いやぁ、アレン様ね？　気温40度や気温16度の場所を、何時間も行ったり来たりしていたら、そりゃあ体調も狂いますぅ」

そんなの知らないワヨ！

だけど早く治したいから、その後、ドクターにもらった薬を飲みながら、ずっと暑さについてブチギレてたのは言うまでもないわよね。

もう一つ、最近ブチギレてたのが、飛行機の乱気流について！

この前、エァ・プレーンに乗ってたら、乱気流のせいでとにかくガタガタ揺れまくり。飲み物も飲めないし、揺れてるから機内食も食べられない。ちょっと、こっちは腹減ってんだから、早くメシを食べたいのよ！

だんだんと怒りがドド突き上げてきて、怒りのツイーチェをしたの。

「飛行機、永遠に揺れてて、ブチギレそぅザマス」

って。

そしたらね、ツイーチェをした瞬間に、風が止まったのよ！　アリェナィンだキロ！

やっぱり怒ると丸く収まるの。**「どうにもならないこと」だと思う前に、一発、怒ったほうがいいのよ！**

ワタクシが言うんだから間違いないわ。

結局、尻拭いするのは自分

日本に住んでるアンタたち（ひろし）は「我慢するのが美徳」っていう感覚があるわよね。
でも、**ワタクシは我慢って全く美徳だとは思わない。**

そう思うようになった理由は、両親からかなりの放任主義で育てられたから。中学校時代のワタクシって、かなり荒れてたんだキロ、そんな様子を見た親から言われた言葉は、いまだに覚えてマス。

「やりたいことがあるんだったら、好きなようにやりたいようにやったらいいよ。14歳なんだから、いつからでもなんでもやれる。でも、最後にその行動の尻拭いするのは自分だからね。どんな結果になったとしても、受け入れる覚悟があるなら、好きにやりなさい」

その結果、ワタクシは少年院に入ることになったワ（苔蒸す）。

まさに自分の行動を自分で尻拭いすることになったの。でも、この経験をしてから、「自分で責任を取れるなら、やりたいことをやろう」と思って、我慢せずに生きるようになったのよね。

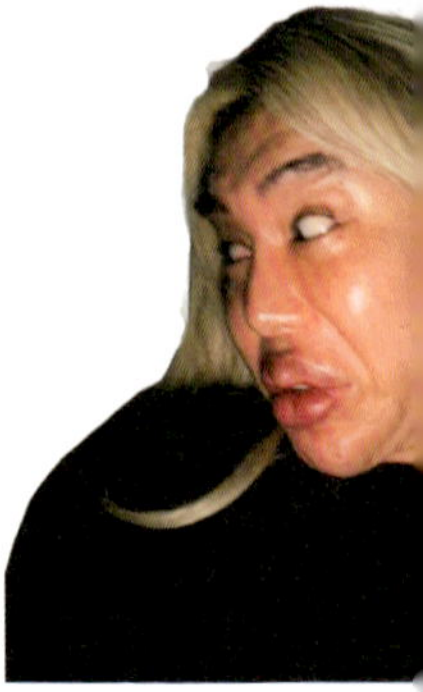

「要望を言ってはダメ」なんて、1、2、3、4、地獄行き列車確定！

あとね、**ダメかもしれないって思ったとしても、自分の要望を伝えると、案外通るもんなのよ。**

それに気付いたのは、海外旅行に行くようになってから。ヮタクシ、昔からよく一人で海外に行ってて、時にはヨーロッパ周遊なんかもしてたの。その旅行で気付いたのが、外国では自分の要望を伝えなきゃダメってこと。

特に西洋でアジア人は下に見られがちだから、いかにセレブな佇まいをしてても、要求しないと雑な部屋に通されたりするのよ。前なんて、言いなりになっていたらボロボロのお部屋に案内されたの！　アァン、最悪人生！　それからというもの、ヮタクシはチェックインの時には絶対に主張してます。「ヮタクシは、角部屋がよくて、〇階以上だとうれしい」って、可能な限り、要望は全部言うザマス！

レストランでも、景色が見える良い席が空いてるのに、照明すらも当たらない微妙な席に通されることがあるの。普通の日本人なら「仕方ないか」って我慢しちゃうだろうけど、ヮタクシの場合は我慢しないで、「NO！NO！NO！　あそこ空いてる？」と質問しマス。

もし、「予約席だ」と言われたら、「じゃあいつ空くの？」と聞いてみる。こちらが意見を言えば、意外と要望が通るものよ。むしろ、海外では我慢していると損すると思っておいた方がいい。というか、世界ではそれが当たり前、日本がおかしいの！

「要望を言っちゃダメ」なんて言う人は、1、2、3、4、地獄行き列車確定！

だから、ワタクシは日本に危機感を持ってるの。もちろん母国だから嫌いじゃないキロ、日本はすごく生活しづらい国だし、正直問題、堅苦しい国だなと日々思ってマス。

生脚を出したいなら堂々と出したらいい

海外に行くと、いろんなことに気が付くわ。その中でも強く感じるのは、「**ハッキリ言って、日本人の同調圧力は異常だ**」ってこと。

特に顕著なのは、ファッションね。

ほら、ワタクシって、ファッションセンスがズバ抜けてるでしょ？　でも、そんなワタクシだからこそ、言いたいことがあります。

日本人はね、「目立つと恥ずかしい」「みんなと同じじゃないといけない」という同調圧力が強過ぎるザマス。

日本で売っている服は、海外で売ってるような、スパンコールや真っピンクのドレスなんてほとんどない。はっきり言って、こんな国、他にないわよ？　こんなコンサバティブな黒と白ばかりの柄なし服しか売ってないのは！

なぜ派手な服が売ってないかといったら、単純に売れないから。じゃあ、なんで外国ではこういう服が売れるかといったら、みんなが好きな格好をするマインドが強いからよね。

この前、ちょっと年配の年上の人と話をしてたんだｷﾛ、その時に「50代を超えた女性が生脚を出してるのは恥ずかしい」って言ってたの。いやいや、ちょっと待ちなさいよ！　年齢を重ねた女性がストッキングをはかなきゃいけないなんて、誰が決めたの？　別に誰が生脚を出してたって、問題なくナィ？

「でも、実際にそんな格好で歩いている人いないでしょ」って反論もあるかもしれないｷﾛ、それはそんな格好で歩けない同調圧力が日本にはあるからなだけ。**脚なんて堂々と出して歩けばいいし、ドレスだって好きなものを着ればいい。頭に「これをやっちゃダメ」ってルールが叩き込まれ過ぎてるから、行動できないのよね。**

「周りの人が気にするからできない」っていう人もいるけど、なんでそんなに周りを見る必要があるの？　「気持ち悪い」「年甲斐もない」なんて言ってくる人には、言わせておけばいい。アンタは、周りに自分を合わせるために生きてるの？　生脚や派手なドレスが恥ずかしいと思っている考え方自体が、ヮタクシには理解できないザマス。仮にヮタクシが50代になったとしても、生脚を出し続けるヮ！

でも、「好きな格好を好きなようにしたらいい」と発信すると、「アレン様だからそう言えるんでしょ？」と言う人が本当に多いんです。

違うのよ！　**ヮタクシの根本にずっとあるのは「自分の人生を生きたい」ってことだけ。**

ヮタクシがミニドレスにハイヒールで道を歩けば、ゴージャス過ぎて多くの人が振り返るわよ。でも、その人にどんな感想を持たれたって、構わない。だって、いますれ違った人と人生で二度と会うこともないし、何を思われたって関係ないから。0.4秒くらいすれ違う人の視線を気にして、自分の好きな格好をしないなんておかしいでしょ？

ヮタクシからすれば、人から0.4秒「あの人、恥ずかしい」って思われることより、人に合わせた人生を送るほうがイャ！　だからこそ、存分に、好きな格好をさせていただきますわネ。

自信という鎧《よろい》

「赤の他人はいいけど、身近な友達に変に思われたらイヤだ」っていう人もいるキロ、自分がやりたい格好をして、変な目で見るような相手なら、別に会わなくていいじゃない？　**本来の自分を隠して、無難な格好でしか会えないような堪忍袋の緒が切れそゥッ～ッな相手なら、怒りをドド突き上げて、縁を切ったっていいのよ。**

「これがヮタクシなの」と好きな格好していって、「あら、いいね！」「おしゃれじゃない」と言ってくれる人とだけ会えばいいの。ヮタクシだって、毎日ものすごい格好しているって自覚あるわよ？　でも、周囲にいるのは、どんな格好をしてても「すごい格好で来たわね」「その格好は、アレン様じゃないとできないわね」と言ってくれる人ばかり。**もし、文句を言われるようなら、その会合には二度とイキまセンチメートル。**

あと、おすすめしたいのは、とにかく自信を持つこと。自信がある人には、人は文句を言えなくなるのよ。**「自信」という鎧をつけると、「あの人はそういう人だから」というフィルターが生まれるの。**

だから、ヮタクシがどんなドレスを着てても、「こんな格好、日本では恥ずかしい」なんて言ってくる人は誰もいないわ。むしろ「アレン様だから着こなせるのね、素敵」としか言われない。それは、自信という鎧によってフィルターがかかっているからだと思う。だから、ヮタクシはどんな格好して歩いていても、自分を恥ずかしいと思ったことなんて、人生で一度たりともござぃません！

ちょっとでも「恥ずかしい」という気持ちを持つのは本気でＮｏ！　なぜなら、服に負けちゃうから「あの人、恥ずかしがりながら着てるわね」って違和感が生まれてみっともなくなる。ドーンと着こなして、「すごいね、その衣装」と言われたら、「そうよ、これ気に入って買ったの！」って言っておやりなさい。

あとね、はっきり言うわ？　アンタが思ってるほど、人はアンタのことを見てないの。

仮にァンタが大好きな真っピンクの服で歩いていても、「さっきピンクの人がいたね」と思われるかもしれないｷﾛ、10分後にはその人の頭からァンタの存在なんて、きれいさっぱり忘れられているから。ヮタクシだって、しょっちゅう自転車こいで大声で歌ってる人に夜道で出会うけど、次の日にはその人のことなんてスッカリ忘れていマス。

だから言いたい。**アンタは好きなように生きてもいいの。**　ァンタが思っているほど、良い意味で周りはァンタのことを見てないし、興味もない。だから、ラクに生きていいゎよ。

チャンスや出会いは「外」にある

こんな考え方ができるようになったのは、やっぱり旅行の影響が大きいんだと思う。旅行に行くと、いろんな人を見る機会があるのよね。いろんな価値観があることにも気付くし、好きなように人生を生きてる人のほうが素敵な人が多いってことも知ったわ。

海外に行くと、学ぶことって本当にたくさんあるわよ。だから、クリマンのみんなには「**借金してもいいから、早いうちに外国へ行ってらっしゃい！**」って言いたいわ！

「周囲の目が恥ずかしい」「他人の意見が気になる」っていう人に会うたびに、「この人はこれまで旅をしてなくて、あまり人を見てこなかったんだろうな」って残念に思うの。本当にもったいない。

別に外国じゃなくたっていい。地方の人なら東京に行ってみればいいし、都会に住む人なら地方に行けばいい。そうやって、いろんな人に触れて、人生を楽しみましょゥッネッ…。

あと、ワタクシがいつも言うのは**「中にチャンスはない。チャンスや出会いは外にあるから、家の中に引きこもって、インドア生活を送るよりは、外に出なさい」**ってこと。

特に用事がなかったとしても、とりあえず外に出ましょ？

別にセレブな旅行じゃなくていいのよ。カフェに行って、窓ガラス越しに人を見て、コーヒー飲むだけで十分。ド派手な格好で歩いてる人もいれば、道でキスしている人もいれば、一人大声で歌ってる人もいっぱいいる。そんな行きかう人たちを見てたら「うわー、いろんな人がいて苔蒸す！」「あの人、動きがヤバィ」とか何かしらの感想って出てくるじゃない？

無意識にいろんな人を見るだけでも、「こんなに世の中には人がいるんだ」って頭に叩き込まれていくと思う。その考えが頭に入ったら、**「なんだ、何したって恥ずかしくないじゃん。好きなように生きていいんだ」**ってわかるはずだから。

RULE 4

お風呂に毎朝入ってリセット

　この15年ほど、目を覚ましたらまずやることといえば、お風呂に入ること。365日、絶対に、朝に入らないと嫌なのよ。「これから頑張るわよ」ってスイッチを入れたい朝に、ちゃんとBODYを洗って、美しい顔を洗って、歯も磨いて、このブロンドヘアをドライヤーして、家を出るの。だって、何もせずに家を出ると、なんか気持ちがシャキッとしないじゃない。

　やっぱり今の時代ってストレスを感じて振り回されて、自律神経が乱れがちでしょう。だけど、温かいお湯、特に温泉に浸かるだけでヒーリング効果が高いわよね。人間って地球で生まれて地球で過ごしてる生命体だからか、自然の中にいると癒やされるのと一緒で、地球から出ているものに身を浸してると癒やされるものよね。

ツケ祓いでも、スマイルへらつき人生！

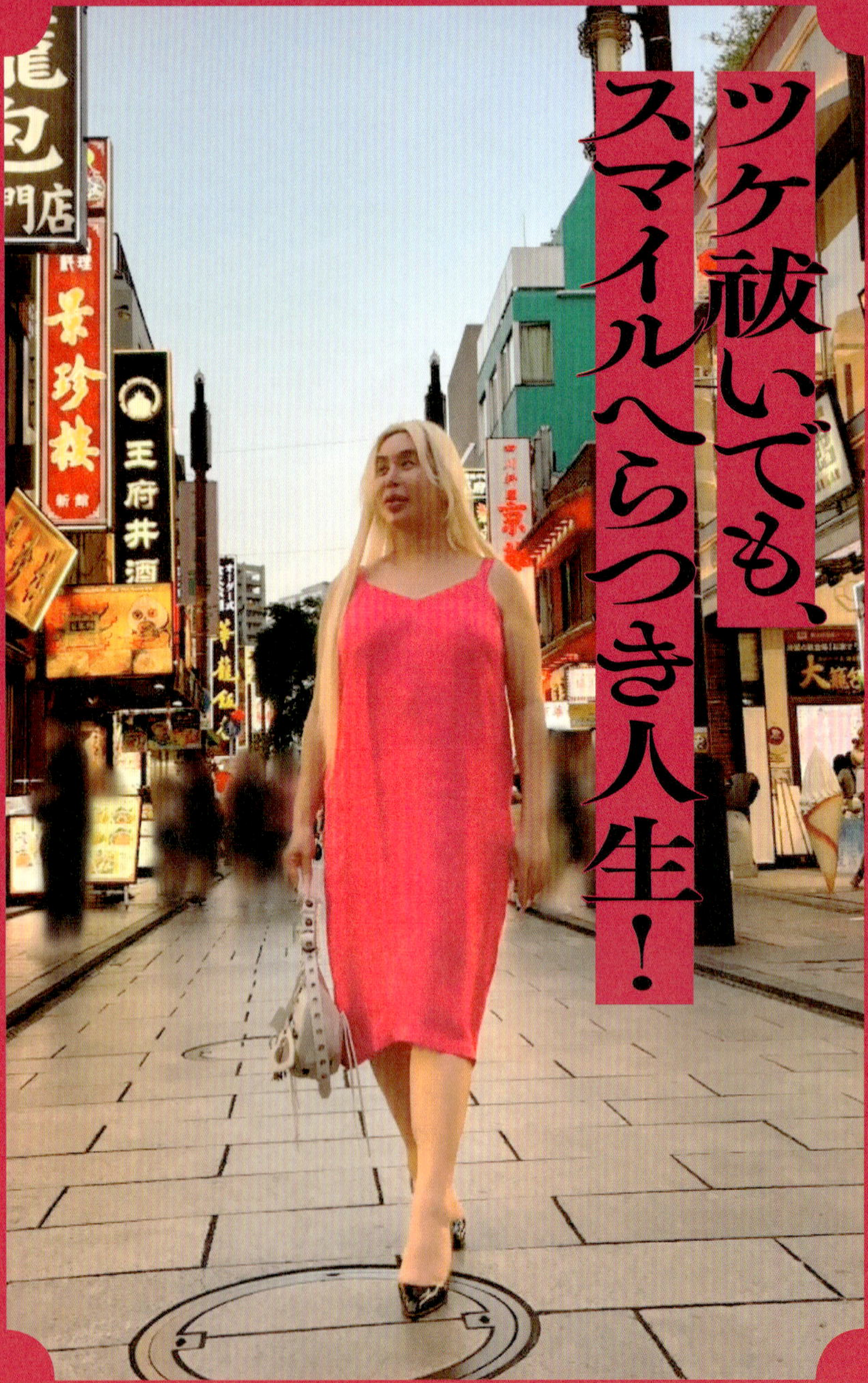

ワタクシのスタンスは、お金が足りず、
ツケ祓いの時でさえ、
いつどんな時も
ケラケラ笑うことよ。

スマイル
へらつき人生が、
人生ザマス！

誰だって「いつどうなるかわからない」不安と生きてる

世の中で嫌なものって、やっぱりお金の心配よね？　労働が大っっ嫌いなヮタクシですもの、MONEYがいつだって潤沢にあるわけじゃないわよ。

誰だって、MONEYについて一度悩み始めると、不安がゴンゴンとボディに押し寄せてくるものじゃない？　でも、これって、どんなにお金持ちだろうと、普通の人だろうと、みんなが抱えてる共通の悩みなのよ。

たとえば、1億円持ってる人でも、投資で一瞬にして8000万円を失うことだってある。誰だって「いつどうなるかわからない」っていう不安を抱えて生きてるのよ。だからこそ、人は働くし、保険に入るし、積み立てだってするわけよ。不安を少しでも減らしたいから。

でもね、**ヮタクシのスタンスは、MONEYが足りず、ツケ払いの時でさえ、いつどんな時でもケラケラ笑うことよ。**スマイルへらつき人生が、人生ザマス（太一）！

価値あるものにしか、お金は払いたくないの

実はね、ワタクシってすごく貧乏性なの。これ、意外かもしれないけど、どんなにお金を稼いでも、無駄なところには一切お金を使いたくない！　価値のあるものにしかお金は使わないわ。

たとえば、ワタクシがいま着てるグッチの服は1着50万円するの。でも、ワタクシ、この金額が高いとは全然思わないわ。だって、価値があるものだから。

考えてもご覧なさィッ。グッチの洋服なら、売る時に少なくとも10万円くらいにはなるわけじゃない？　でも、ファストファッションのTシャツは、売ろうとしてもMONEYに換わらないわよ。だから、ファストファッションのお店でモノを買う時には、逆に「これ高いな」って感じちゃうのよ。価値のないものだから。ドブにMONEYを捨てるようなものよ。

むしろ意外と、ワタクシのダィスキな、中古アンド質屋ショップリァ等にィキますトン、ファストファッションに少しぉ値段足したくらいの金額で、ハィブランドのお洋服ゃシャツが買ぇたり、アゥトレットンも、破格のお値段で売ったりもしてるものザマス。**汚買い物上手でもルアーのよ、ワタクシ。**

価値がないものにお金を使うのって、結局何も残らないじゃない？　そんなのヮタクシはどうしても嫌なの。ヮタクシは、自分が使うお金に対して、常に「これはあとで現金になるかしら？」「どんな価値を生むかしら？」って考えてるの。だから、ヮタクシが買うものは、貴金属でもブランド品でも、後で現金に換えられるものばかりョッ。

お酒なんて、結局はただの小便じゃない？

ご存じの通り、ヮタクシはギャンブルもだ〜い好き。パチンコでたまに10万円くらい負けちゃうこともあるけど、それでも全然後悔しないわ。だって、ヮタクシは勝つためじゃなくて、楽しむために行ってるんだから。映画館で3000円払って映画を見るのと一緒！

負けたらクソむかつくけど、その時間にはちゃんと価値があったと思ってる。楽しみたいから行ってるわけだから、そこには自分の価値観があるのよね。

だから、ヮタクシはお酒とか、バーとかホストクラブには絶対にお金を使わないのよ。**お酒なんて、いくら高いものを飲んでも、結局はただの小便がジャンジャン出る事にしかならないわ？**　それに、ホストクラブでお金を使うのも、ただの疑似恋愛に過ぎない。そこに何の価値があるのか、ヮタクシにはま〜ったく理解できないのよ。

たとえばね、同じ何千万円を使うとして、世界一周旅行をしていろんな景色を見るのと、ホストクラブで疑似恋愛を楽しむの、どっちが価値があるかって言ったら、ヮタクシだったら前者よ。

旅行は、経験として自分に残るものがあるし、それが自分の人生に何かしらの影響を与えてくれるわけ。でも、疑似恋愛を楽しむホストクラブで得られるのは、一時的な快楽とむなしさだけじゃないCA4LA？

そんなお金の使い方をするくらいなら、ヮタクシはそのお金をもっと自分にとって価値があるものに使いたいヮ。そもそもそのホストのウォトコは、アンタには興味が無ぃわ。そぃつが興味ルアーのは、アンタのMONEY、ただそれだけ。**現実を見て、ご自身にMONEY使って頂戴ネッ。**

どんなにうらやましがったって、他人は所詮、他人ザマス

よく言われるの。「アレン様って、きっとお高いホテルにしか泊まらないんでしょう」とか、「飛行機もファーストクラスじゃなきゃダメなんでしょう」とかね。でも、全然そんなことないのョッ。実はヮタクシ、エコノミーで十分だし、泊まるホテルもビジネスホテルで大満足なの。

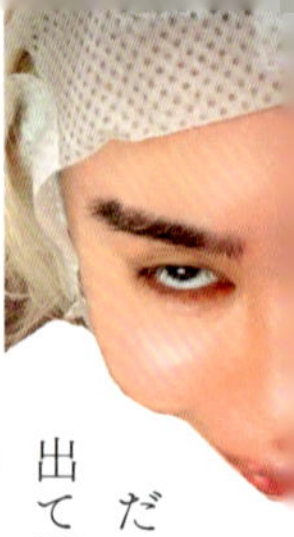

だって、考えてみてよ。旅行先で一日中ホテルにいるわけじゃないでしょ？　ほとんど外に出て観光してるのに、なんで一泊何十万円も払わなきゃいけないの!?　それなら、その分を別のことに使いたいわよ。**寝れりゃいいっていうのがヮタクシの考え**なの。

たまに高級ホテルに泊まると、元を取ろうとして必死に無料のアメニティを使いまくっちゃうんだキロ。おかげでお風呂に浸かり過ぎて、茹でダコ状態【小太り大爆笑】。それに、バスソルトとか歯ブラシとか、タオルもバンバン使いまくるわ。

家についても、そんなに高い家に住みたいとは思わないの。実際に月数百万円の家賃を払えるとしても、安い賃貸でオッケーなのよ。家にこだわってお金を使うよりも、他にもっと楽しいことに使いたいのが本音なの。

ヮタクシなんて、朝起きたらすぐに外に出たくなるタイプだから、家でじっとしてることなんてできないの。だから、**高級な家に住んでも、そこにいる時間が少ないなら意味がないと思っちゃう。**

知人でね、タワーマンションの50階に住んでる子がいるんだけど、その子は家具にもすごくこだわってて、インテリアコーディネーターを雇って、全部カッシーナで揃えてるの。素敵だと思うし、財力があるならそれもいいと思うわ。

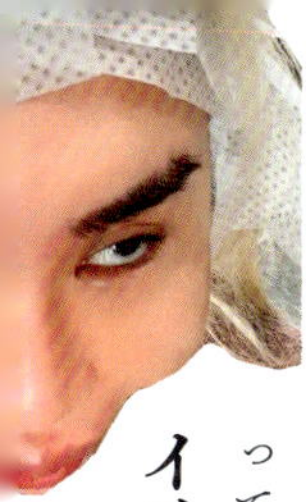

でも、他人は所詮、他人ザマス。

ワタクシはそういう財力もないし、何よりもそんなにお金をかける価値を感じないのよ。ワンルームでもカプセルホテルでもビジネスホテルでも、ワタクシには十分。お風呂があって、寝れりゃそれでオッケー。無駄な贅沢はしないのがワタクシのスタイルよ。

それからね、ワタクシはコンビニやドン・キホーテで無駄金を使うのも大嫌いなの。コンビニやドンキに行くと、別に必要じゃないものまで買っちゃうことが多いでしょ？ あれがワタクシには理解できないのよ。本当に必要なものなら買うけど、そうじゃないものにお金を使うのは無駄だと思うの。ワタクシ、買いだめとかもしないのよ。欲しいものだけを買う。それ以外には一切手を出さない。そうやって、しっかりお金の使い方を管理してるのョッ。

温泉の良さがわからないなら、
カルキまみれのお湯にでも浸かってなさい！

そんなワタクシがお金をかけてでも行きたいって思う場所。それは温泉なの。だって、温泉ってただのお湯じゃないのよ。地球の神秘がぎゅっと詰まってる場所よ？ いわゆる**【ネイチャーパワー・マグマドキュメントの汚恵み】**よね。

たまに「なんで2000円も3000円も払って温泉に入らなきゃいけないの？」って言う人がいるけど、そんな人は、一生カルキまみれの水道水のお湯にでも浸かってなさい！　**温泉の良さを理解しないなんて、もったいない人生を送ってるわよ。**

ワタクシが特に好きなのは、源泉かけ流しの温泉ね。今まさに地中から湧き上がってるお湯に浸かるのが一番なのよ。源泉かけ流しっていうのは、地球から直接湧き出たお湯をそのまま浴びることで、まさに地球の神秘を肌で感じるわ。

温泉の天然成分が体に染み込んでくると、「うわー、栄養が体に入ってる！」って思うの。温泉に浸かりながら、地球が何千年もかけて作り上げた自然の力を感じる瞬間って、本当に贅沢だと思うのよ。

温泉だけじゃなくて、ワタクシは滝も大好きなの。滝を見ると、その壮大さに心が洗われる気がするのよ。ただね？　ワタクシね、川は嫌いなの。なぜなら、死にかけたから！

昔、ちょっと怖い体験をしたことがあるの。あれは高知の仁淀川でのこと。友達と川で遊んでたんだけど、ちょっと深いところに行ったら、急にすごいスピードで流され始めたのよ。川が深すぎて、足がつかないし、水が黒くて本当に底が見えない。

あの時、本当に「やばい、死ぬ……」って思ったのよ。必死に岩をつかんでなんとか助かったんだけど、体はドロドロの血だらけで、心は恐怖まみれ。それ以来、ヮタクシは川には一切近づかないようにしてるの。**アァン！！！　思い出すだけで体が震える！！！**

最悪人生！！

基本的にはね、地球が長い年月をかけて作り上げた自然の神秘が大好きなの。中でも好きなのが、宝石。**ヮタクシが宝石に魅了される理由は、その石が何千万年、何億年もかけて作られてきたっていう事実**について。ジュエルを身に着ける時、その歴史や自然の力を感じながら「これは地球からの贈り物なんだ」って思うと、本当に特別な気持ちになるのよ。だから、ジュエルには何百万払っても惜しくないのよ！

ただ、ジュエルの恐ろしィッところ。それは、ジュエルを定価で買ぅトン、カネに困って質屋ィッたら恐ろしぃ程ぉ値段下がるの。何度も、質屋の小屋の中で腰を抜かして、激怒したゎ。宝石は、言い値でどこも売ってるから、注意ょ。だからオススメは、宝石の卸で買ぅコトょ。**いわゆる【ぉ値段交渉人生】**。

都内で言ぅトン御徒町リァは有名ょね。トンでもなぃ程、下げてくれたりするのょ。若しくは、中古ショップで売られてる鑑定書付きの宝石もかなりお得人生ょ。しかも、新品仕上げでキレイにツルリラと輝ぃてぃる。**汚買ぃ物は、頭をひねくりァゲながら、お得人生にさせるのが、肝ょ。それらを、ャレ。**

お金を使う時には、そのお金が本当に自分にとって価値のあるものに使えているかを考えてほしいわ。お金っていうのは、どれだけ稼いでも不安が消えることはないの。だからこそ、使う時にはしっかりと価値のあるものに使って、自分を満たすようにしていくことが大事なのよ。

そうすれば、お金を使っても後悔しないし、むしろそのお金が自分を助けてくれる時が来るかもしれない。ワタクシは何度もそういう経験をしてきたわ！

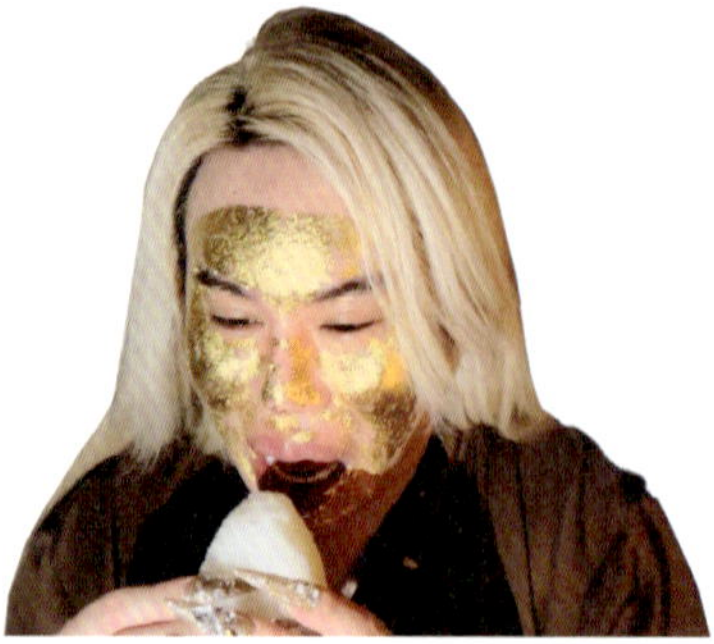

RULE 5

月2、3回はマッサージで整える

どれだけ忙しくても月に2、3回はマッサージに行っているわ。疲れた時ほど家でゆっくりしたいと思うけど、逆に疲れちゃうことってあるわよね。そういう時こそ、ワタクシはマッサージに行って、プロの手で全身を整えてもらうの。特に中国系の足裏マッサージが大好き。痛い!って言いながらも、強く押してもらうと最高よね。あと「腸マッサージ」もおすすめ。唯一、皮膚の上から触れる臓器が腸だから、触って動きを活性化させるの。腸に手を添えるだけで、ゴボゴボと腸が動き出すのがよくわかるわ。自分ではできないことをプロの手を借りて良くしていくことが大切よね。

ダルいしやる気がない!って時こそ、一度全身マッサージを受けてみてごらんなさい。気持ちも体もスッキリするわよ。やっぱり体の不調って心の不調にも繋がるわけだから、常に万全でありたいもの。

男に貢ぐなんて
本当にNO・NO・NO！

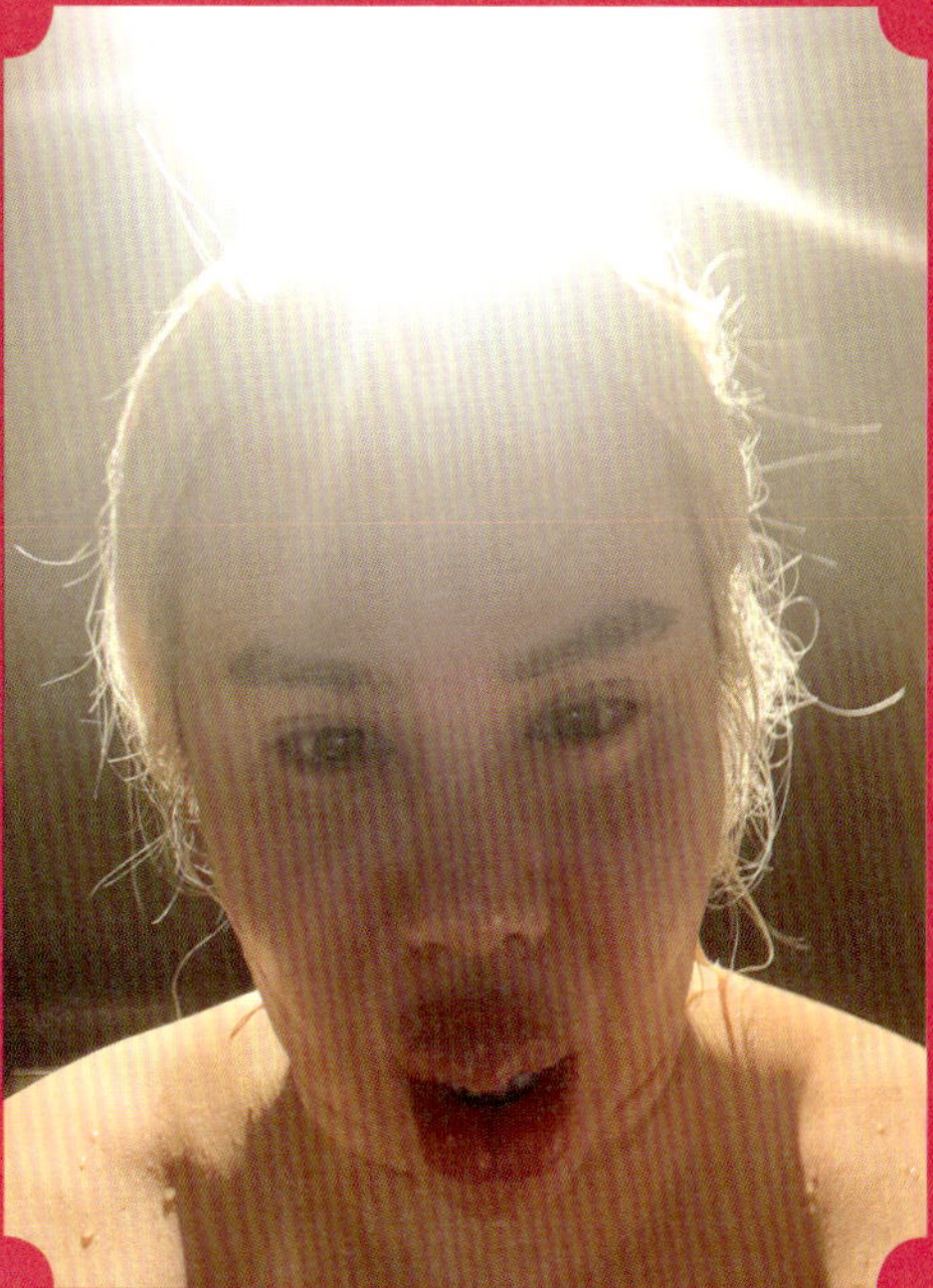

言いたいのは、
追われる女になりなさい
「男を追うんじゃなくて
」ってこと。

お金をかけるべきなのは、
その男じゃなくて自分自身よ。

男を追うんじゃなくて、追われる立場におなりなさい

アンタ達に大事なルールを伝えたいの。それは、**「恋愛では男を追うな」**ってこと。ワタクシも、これまでの人生で2回、本気で男を追ったことがあるわ？　でもね、今だから言えるけど、結果は最悪ッッ！　NO‼NO!!!NO!!!!　**追う恋愛は、ハッピーエンドにはならないって身をもって学んだのザマス……。**

一人目は、ワタクシが好き過ぎて、相手のことばっかり考えて、自分のことなんて全然見えてなかったのよね。毎日がその人中心で、自分の時間なんてほとんどなくなってた。本当にしんどいのに、でもやめられなかったのよ。だって、自分だけ焦ってるのがわかるから、余計に気持ちが空回りして、さらに追いかけちゃうの。

仕事中もずっと携帯が気になる。連絡が来ないと大号泣。今思うと笑っちゃうけど、不安が高まり過ぎて、関東の僻地にある相手の実家まで押しかけたわ？

実家に突撃してインターホン鳴らしまくって**「オラァアァアア、アイツを出せえッ！！！」ってブチギレ散らかしてたわ。**さすがに相手からも「近所迷惑だから部屋に入れ！」って言われてね。何を思ったのか、ワタクシったら部屋に入るなり、彼をクチュ

リポしたの！【小太り大爆笑】
もうね、そうすると、ものすごく幸せに感じちゃうのよね。その後も、連絡が取れなくなるたびに、相手の実家に行ってクチュリポする。すると、また好きになっちゃう。その繰り返しだったわ。

当然だけど、そんな恋愛はうまくいかなかったのよ。追えば追うほど、相手にどんどん依存していくのがわかる。でも、相手はそんなヮタクシに対して余裕たっぷりで、全然追いかけてこないのよ。連絡もヮタクシからばかりで、相手からの返事が来るのを待ってる時間が地獄だった。「ヮタクシったら何やってんの？」って思うこともあったけど、その時は自分を止められなくてどうしようもなかったのよね。

次の恋愛も似たようなもんだったわ。ヮタクシ、また同じように追いかけちゃったのよ。気付いたら、もう相手のことばかり考えてて、自分をどんどん見失っていったの。まさに負のスパイラルよね。結局、その恋愛もダメになったわ。

そこで気付いたの。**片方が追うばかりの恋愛って、結局は疑似恋愛なのよ。**
本当にお互いが同じ気持ちでいれば、追うとか追われるとかじゃなくて、自然と付き合う関係になるはずなんだから。

そんな経験をしたからこそ、ワタクシはアンタたちに言いたいの。**「追うんじゃなくて、追われる立場になりなさい」**って！　そして、何よりも大事なのは、**自分を軸に生きていくこと**よ。恋愛なんて無理してするもんじゃないのよ。ワタクシも今じゃ、自分が一番大事だって心から思ってる。だから、他人に振り回されることもないし、楽だし、自分もクリマンのみんなも大好きな「アレン様」でいられるのよ。

誰よりも愛する相手が自分であれば、傷つかない

そのほかにも、恋愛ではワタクシもいろいろあったのよ。数々のブチギレエピソードを経験したわ？　それで気付いたのよ。**結局、相手の気持ちが自分と同じくらいじゃないと、恋愛関係は続かない**って。

でも、自分と他人が同じくらいの気持ちを持つことなんて絶対にない。だったら、信じられるのは自分しかいない。どんなに他人を信じたって、裏切られることだってある。だから、ワタクシはもう他人に期待することはやめて、自分を信じることにしたの。もっと言えば、**一番大事なのは自分を愛すること**だって気が付いたの。

自分を愛せないと、他人に振り回されるだけだし、結局は一番損をするし、傷つくの。誰かを好きになるなら、あくまで自分を愛した上で好きになるべきなのよ。だから、みんなにも言

いたい。自分を信じて、**自分を愛して生きていきなさいって。他人の軸で生きるんじゃなくて、自分の軸で生きるの！**

あとね、恋愛なんて無理にしなくていいの。世の中「恋愛が大事」みたいな風潮があるけど、そんなことない！　もし恋愛するなら、自分をしっかり持って、相手に振り回されない自分でいて。そうすれば、きっともっと幸せな恋愛ができるわ。

断言します、お金が絡んだ関係は遅かれ早かれ破綻する

クリマンのみんなには、これだけは言っておきたいわ。**男に貢ぐのは本当にNO・NO・NO！**　ホストでもメンズ地下アイドルでも、どんなに夢中になった相手でも、お金の絡んだ恋愛感情を持った関係は遅かれ早かれ破綻する。これは、断言できるわ。

ワタクシね、たくさんの女の子たちがホストにハマって、貢いだお金と時間に苦しんできたのを見てきたの。最初は夢中になって、その人に気に入られるために一生懸命お金を使うんだけど、最後には何も残らないのよ。残ったのは、病気のリスクにさらされた体と、空っぽの財布だけ。どう考えたっておかしいでしょ⁉

お金をかけるのは、その男じゃなくて自分自身になさい。自分にお金をかけて、自分を磨いて、

もっと魅力的な女性になれば、自然とたくさんの人から追われる存在になれるのョッ。

一度お金をかけ始めると、今度は、そのお金を無駄にしたくないって思いが強くなって、ますますその関係に依存しちゃう。誰だって、今までかけたお金と時間が無意味だったなんて思いたくないものね？　それでどんどん深みにハマっていく。でもね、そこで立ち止まってほしいの。**これが本当の恋愛なのかどうか、冷静に考えてみて。**

実際にね、ワタクシのところに相談を寄せるクリマンたちも、最初は「これがワタクシの本当の恋愛だから」って言うのよ。でも、最後には「今になってみると、あの時の自分は何をやってたんだろう」って後悔してる。

だから、ワタクシはみんなに言いたいの。もっと自分を大事にして、自分のためにお金と時間を使いなさいって!!　**魅力的な女性になれば、自然と追われる存在になれるのよ。**ワタクシを見てごらんなさい。母性溢れるハートと豊満なボディに惹かれた世界中のＢｏｙｓたちを、トリコにしているわよ。たった一人の男にお金を使い続けるんじゃなくて、自分にお金を使ってもっと多くの人に愛される存在におなりなさいな！

永遠に続く人間関係なんてナッシング

クリマンたちの中には、こんなこと言う子たちもいるわ。「この人と一生一緒にいたいからいいの」って。

あのね、酷なことを言うようだキロ、どんなに好きな人でも、そのマッコト（野々村）な想いって意外と続かないものよ。だって、**全ての人間関係は流動的なもので、永遠に続くなんてことはないから。**

みんな、「人との出会いを大事にしなきゃ」ってよく言うじゃない？　でも、ワタクシはそう思わない。出会いを大事にするってことは、その相手に期待したり、信頼したりし過ぎちゃうことになるから、裏切られた時のダメージが大きくなるのよ。

たとえばさ、大事に思ってたパートナーと一緒に旅行に行って、最高の思い出を作ったとするじゃない？　でも、もしその後に大げんかして疎遠になったらどう？　せっかくの楽しい思い出が、もう二度と思い出したくないものになっちゃうわ。

だからこそ、他人に期待し過ぎたり、依存したりしちゃうと、自分がしんどくなるだけなの

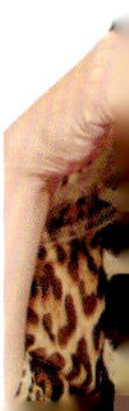

よね。だからヮタクシは、**人間関係は「その瞬間を楽しむ」ことにフォーカスしてるの。**

相手に期待し過ぎず、その瞬間を楽しめば、たとえその人と疎遠になっても、「あの時は楽しかったな」って思えるし、嫌な思い出にはならないのョッ。ヮタクシ、いろんな人と海外旅行にも行ったけど、今ではそのほとんどが疎遠になっているもの。でも、全然後悔してないのよ。だって、あの時一緒に楽しんだっていう事実は変わらないから。

恋愛に限らず、友人関係も一緒よね。どんなに仲の良かった友達でも、いつかは疎遠になることがあるの。これってヮタクシにも避けられないことなの。生活環境が変わったり、住む場所が変わったり、自然と離れていくもの。それを無理に繋ぎ止めようとしても、結局はしんどいだけじゃない（ナィ岡村）？

未来のことなんて考えないほうがいいのよ。「この人とは来年も一緒にいるかな？」なんて考えない。その時、その瞬間を楽しむだけ。それで十分。

だから、ヮタクシは永遠の関係なんて信じてないの。小学校や中学校、高校の時に「ずっと一緒だよね」なんて約束した友達とも、今では誰も連絡取ってないでしょ？　それが現実なのよ。**だからこそ、今目の前にいる人との時間を、ただ楽しむことが大事なの。**疎遠になるのは仕方ないことだし、それを悲しむ必要はないわ。波長が合う人に出会ったら、その時その人と一緒に楽しい時間を過ごせばいい。それでいいのよ。無理して関係を続けようなんて思わない方がいいの。**人は変わるし、環境も変わる。それが自然の摂理よ！**

イエベ・ブルベよりも己と向き合いなさい

他人の外見を気にする人って、
結局自分のことに
満足できてないんじゃ
ないかしら。

正直問題、
自分に自信があれば、
他人の見た目なんか
気にならないでしょ？

他人の外見に口出す前に、ちょットンお待ちなさい！

ワタクシね、許せないことがあるの。それは、**最近アンタたち（ひろし）は他人の外見について、ジャッジし過ぎるってこと！** ネットでもリアルでも、あれこれ人の見た目に口出しする人が多過ぎるんじゃない？

でもね、ワタクシから言わせてもらうと、**他人への口出しに時間を割くなんて本当に無駄！無駄!!無駄ザマス!!!** ワタクシもこんなに美しいから、よくジャッジされるんですョッ？ でも、何か言われるたびに「ありがとう、ワタクシのために時間を割いてくれて。でも、ワタクシ、あなたに1ミリも興味ないんですけど？」って感じ。

いつも思うのは「**ちょットンお待ちなさい。そんなに他人のことに興味を持つ前に、自分の人生見直したら？**」ってこと。

考えてみて？ 他人の外見がどうだろうと、自分の人生には何の影響もないでしょ？ 他人の外見を気にしてる暇があったら、その時間を自分磨きに使いなさいって話よ。だって、一番大事なのは、自分の人生を充実させることでしょう。ワタクシなんて、自分にしか興味がないＫＡＲＡ（コリァのアイドル）。

あと、最近は「骨格ストレート」だの「イエベ・ブルベ」だの、いろんな言葉が飛び交ってるけど、正直意味がわからないし、知る気もないわ。そんなことで人を分類して何が楽しいのカフォーラ？

だからね、みんなも人の外見を気にするのはやめて、自分自身に集中しましょ？　自分を磨くことに時間を使って、他人の意見は気にしない。これが本当に大事なのよ。**ワタクシたちは他人の評価で生きているわけじゃない、自分のために生きているんだもの。**

行動しないなんて最悪人生！オーノー（智）!!

よく思うのよ。他人の外見を気にする人って、結局自分のことに満足できていないんじゃないかって。正直問題、自分に自信があれば、他人の見た目なんか気にならないでしょ？　これって別にその人が悪いってことじゃなくて、むしろ「自分をどうにかしたい」っていう気持ちが強いからこそ、他人に目がいっちゃうのョッ。

世の中には「自分の見た目が気になって仕方ない」っていう人が大勢いるのよ。そりゃそうよね、ワタクシだってもっと綺麗になれるもんならなりたいわ。多分、100人中100人がそう思うはず。

でもね、それが普通なの。むしろ、そう思ってる人の方が前向きでいいんじゃないかってヮタクシは思うの。だって、「ここを変えたい」「あれを変えたい」っていうビジョンがあるわけでしょ。それってステキじゃない？

ただし、中には逆に「自分を変えたいのに変えられない」っていう人もいるわけ。そんな時ヮタクシは、「**じゃあ、とっととお変えなさいな【小太り大爆笑】**」って思っちゃうのよね。冷たいかもしれないけど、**行動しなきゃ何も変わらないじゃない!! 何もしないまま悩むなんて、最悪人生! オーノー（智）!!**

結局、自分の生活に満足できない人って、行動できないままでいるからなの。そして、他人の外見ばっかり気にしてジャッジしちゃう。気付いたらもう歳を取ってて、何も変わらずに過ぎちゃった、なんてことになりがちなのよ。そんな人たちって、自分の人生を無駄にしてるだけじゃないCA4LA。

大きな肩幅だって、天の恵みだって感謝してるキャロル

みんな何かしらのコンプレックスは持ってるものよ。「もっと身長が高くなりたかった」「もっと肌が綺麗だったら」とかね。でもね、ここで大事なのは「与えられたものでどう頑張るか」しかないのよ。だって、変えられないことを嘆いていても、何も変わらないもの。

ワタクシが言いたいのは、**今持ってるものを最大限に活かして**ってこと。こんな美しいワタクシだってね、完璧な人間じゃないの。10代の頃なんて、美醜がすべての基準みたいなもんじゃない？　ワタクシもその時は、がっちりした自分の肩幅や、ぷっくり飛び出したたらこ唇、しっかりした顔の骨格にコンプレックスを感じてたわ。「なんでこんな体型に生んだの！」と親も呪ったもの**（いまでは、頑丈な体に生んでくれたのは天の恵みだと思って感謝してるキャロル）**。

でも、ある日ふと思ったのよ。「これ、ワタクシの力じゃ、変えられないじゃない」って。整形で鼻を高くすることはできるかもしれない。でも、肩幅を狭くすることや、骨格そのものを変えるなんて無理よね。そう気付いた時、ワタクシはこう思ったの。「それなら、諦めるしかないわね」って。

じゃあ、どうするかって？　まず自分に与えられたものを最大限に活かすことを考えたの。肩幅が広いなら、それをカバーするファッションを研究するとか、逆にその特徴を活かしてスタイリッシュに見せるとかね。特徴を逆手に取って、自分の強みとして活かす方法を見つけることが一番なのよ。

親ガチャに悩むくらいなら、お逝きなさい！

変えられないものといえば、最近、「親ガチャ」とかいう言葉を耳にすることが多いわよね。何度も言うようだけど、変えられないものに悩んでる時間って、本当に無駄よ。この世で一番無駄といっても過言ではないわ！

「なんで世界の大富豪の家庭に生まれなかったんだろう」ってどれだけ悩んでも、現状は何も変わらないでしょ？ **生まれた場所や環境なんて、自分ではどうにもならないんだから、そんなことで悩むより、今自分が持ってるものをどう活かすかを考えた方がいいのョッ。**

ワタクシから言わせてもらえば、親と上手くいかないと思っているなら、親とちょうどいい距離を作っていけばいい。不満ばかり口にするんだったら、「**そんなに不満なら、生まれ変わるしかないわよ。お逝きなさい！**」って言ってさしあげたいわよ。ちょっと厳しい言葉かもしれないけど、今の自分を変えることができないんだったら、それに対して文句を言っても意味ないじゃない？

むしろ、自分の人生をどう楽しむか、そこに焦点を当てるべきだと思うのよ。たとえば、せっかく友達と出かけて楽しい時間を過ごしてるのに、変えられないものに悩み過ぎて、いまの瞬間がどれだけ幸せなことか気付かない人も多いのよね。

幸せが目の前にあるのに、見逃してる人がどれほど多いことか！

だからワタクシは、言いたいの。そんなに不満ばかり言うくらいなら、もっと身近な幸せに目を向けなさいって！

外見や自分の境遇に悩むのは、心が満たされてない証拠

いまね、他人の粗探しをしたり、自分の状況に満足できてない人は、多分、自分が本当にやりたいことをできてないんだと思うわ。結局、自分の心が満たされてないのね。そういう時って、どうしても変えられないものを欲しがったり、他人のことばかり気になったりしちゃうのヨッ。

自分がちゃんとやりたいことをやって、生活に満足してると、他人のことなんてどうでもよくなるのよ。自分の気持ちが満たされてないから、どうにかして他人にケチをつけたり、人の

顔色を窺《うかが》って自分を納得させようとするの。それって、自分に自信がないから、どうにか他人と比べて自分を安心させたいっていう心理なのよね。

この間も、ワタクシの友達が「最近、どうしても人のことばかり気になっちゃうのよ」って言ってきたから、聞いてみたの。「アンタ、最近自分のやりたいことちゃんとやってる？」って。そしたら、案の定「やりたいことはあるんだけど、なかなか時間が取れなくて」って言うのよね。だからワタクシは、**「それよッ！！！　アナタの問題は！　自分のやりたいことをちゃんとやって、顔色を窺わない生活をしなさいよ！！！」**ってアドバイスしたの。

何が言いたいかって、みんな自分の生活に満足してないから、他人のことが気になって仕方がないの。だからこそ、自分が何をしてる時が楽しいのか、自分にとって何が大事なのかをもっと考えて、優先すべきよ。

ワタクシも、自分が何をしてる時に一番幸せかを考えた結果、Ｎｅｔｆｌｉｘを見てゴロゴロしたり、マッコトに大好きなウニを食べちァッたり、好きなことをする時間を大切にするようになったの。

だからね、みんなも今日から、自分のやりたいことをちゃんとやって、他人の顔色を窺わない生活を送りましょ？　自分の気持ちを満たしてあげることで、もっと楽しく、充実した毎日が待ってるわョッ！

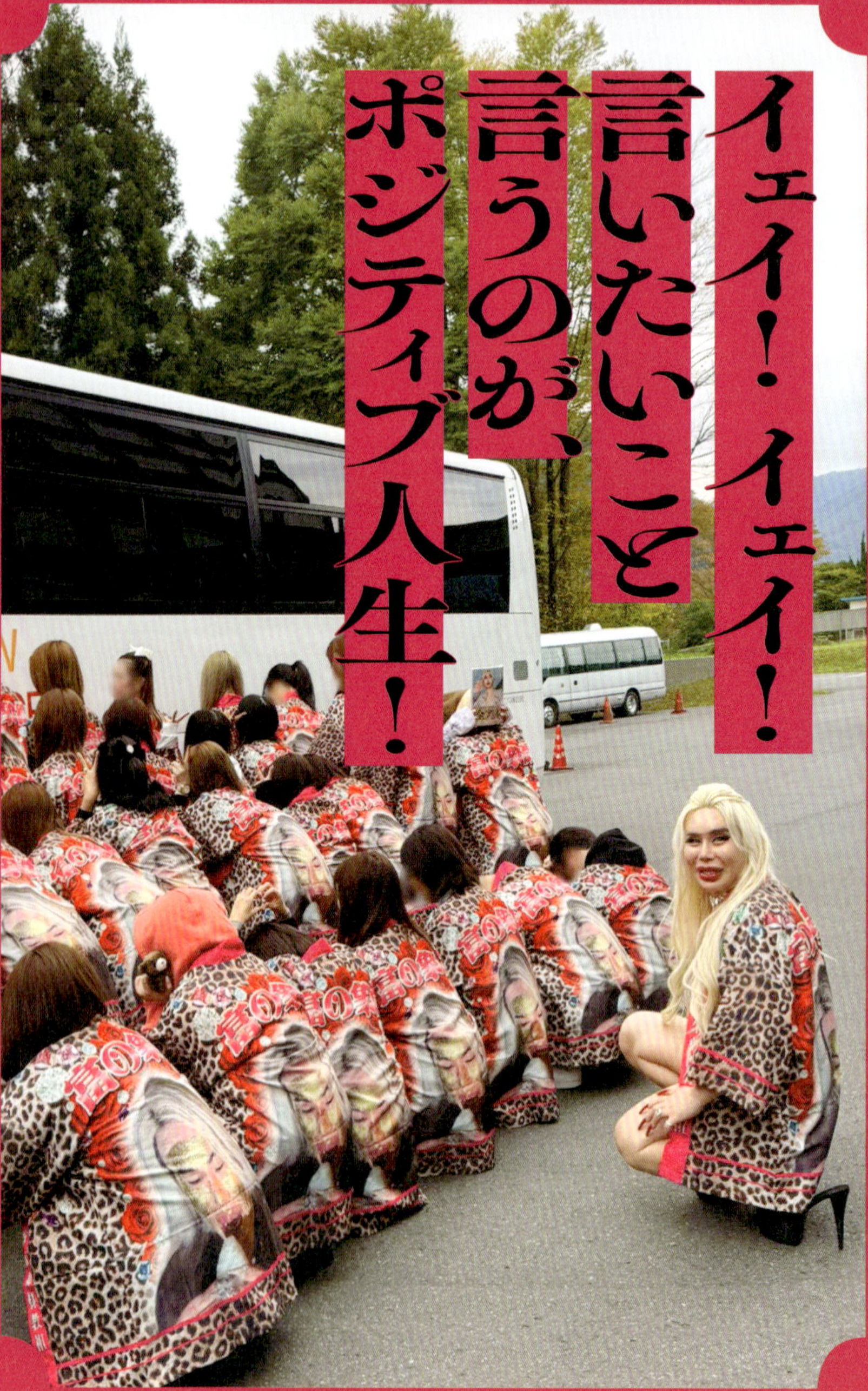
イェイ！イェイ！
言いたいこと
言うのが、
ポジティブ人生！

ワタクシは思うの。感情をため込んで最後に爆発させるよりも、
ちょっとずつでも負の感情を
吐き出していくことが大事だって。

だから、ワタクシ、
負の感情や
オォールァは一切
引きずりませんので！

あの場でブチギレなかったことを、褒めてほしいわ？

誰でも、経験あると思うの。イライラする出来事があっても、言いたいことをグッと我慢してしまうってことは。でもね、ワタクシが思うに、それは決して良いことではないの。大切なのは、自分の気持ちをしっかり吐き出すことよ。

先日、とあるムゥビリァンのロケに参加した時の話なんだけど、その時のディレクターさんがね、ドド突き上げたくなるほど、仕事ができない人だったのよ。
彼とはこれで2回目の仕事だったんだけど、最初から全く準備ができてなくて、出演者をどこに連れて行くのかも定かじゃない状態。何度も「え？」って疑問に思ったわよ。「お前、それ下調べしとけよ」って心の中で叫んで、頭の中で殴りかけたわ！

でもね、我慢したの。なぜかって？　そのディレクターさんは、お仕事先の人が紹介してくれた人だったからね。ワタクシも大人ですから？　イラッとはきたけど、ぐっと堪えました。偉いザマス、自分。

と思っていたのも、束の間。その後、さらにひどいことがあったのよ！　ロケの最後の方で、

彼が突然「駐車禁止のエリアなんで、アレン様のマネージャーさんは車で待っててもらえますか？」って言い出して、うちのマネージャーが40分も車の中に閉じ込められたのよ！ いや、普通に考えて、マネージャーにそんなことさせるかしら！！！？？？

この時、本当に我慢の限界で、普通ならその場でブチギレてるところよ。でも、ワタクシも大人ですし、状況を考えて何も言わなかったの。だって、オファーをくれた会社との関係を壊したくなかったから。ワタクシが指名したディレクターだったら、間違いなく**「ちゃんとやれやぁ!!」**って怒鳴り散らしていたはず。本当にあの場でブチギレなかったことを、全世界から褒められたいわ！

でも、この時は、**どんなにイライラしても、その場で相手にぶつけるのが必ずしも良い選択ではないって言い聞かせてたの。**

負の感情やオォールァは、一切引きずりませんので！

ブチギレる代わりにどうするかって言うと、信頼できる人に自分の気持ちを話すことが大切！ たとえば、友人や家族でもいい。相手が状況を理解してくれているなら、暴言に聞こえず、鬱憤として聞いてくれるから。

この時は一緒にいたメイクさんに、「うちのマネージャーをなんだと思ってるの？　バッカじゃないカフォーラ？」って話したから、かなりスッキリしたわ。**大事なのは、それを言う時に単なる暴言ではなく、「どうしてイライラしたのか」をきちんと言葉にすることなのよ。**

ヮタクシは思うの。感情をため込んで最後に爆発させるよりも、ちょっとずつでも負の感情を吐き出していくことが大事だって。だから、ヮタクシ、負の感情やオォールァ（オーラ）は一切引きずりコキませんので！

自分の気持ちを誰かに伝えて整理するのが本当に重要なの。言葉で言えない状況なら、LINEで「今こういう状況なんだけど、ぁり得なぃから後で話聞いてほしいんだキロ！」ってサクッと送っておくだけでも、気持ちが軽くなるのよね。

最終的には、**自分の機嫌は自分で取るしかないのよ。**相手に期待するのではなく、どうしたら気持ちが楽になるかを考えて、実行することが大事。だからこそ、言いたいことは言うし、伝えるべきことは伝える。そうじゃないと、どんどんイヤな気持ちが溜まっていってしまうもの。

ヮタクシは、今回の出来事で改めて「自分の気持ちを面倒見てあげる」ことの重要性を感じました！ だから、みんなもイライラしたり、嫌なことがあった時は、自分の気持ちを大切にして、それをどうやって吐き出すかを考えてみて。言いたいことをちゃんと言うことで、自分自身を守ることができるはずよ！

他人にケチをつけるなら、自分の人生を満たしなさいよ！

自分の機嫌を取るために忘れちゃいけないのは、「自分が何をしたいのか」よ。普段から、自分は何をしたいのか、何が好きで何が嫌いなのか、ちゃんと考えているかしら？ これって意外とやってない人が多いのよ。ヮタクシも昔はそうだったの。自分の気持ちを知ろうなんて、一切考えもしなかったわ。

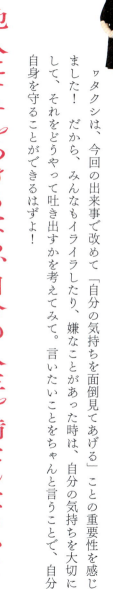

10年くらい前、ヮタクシがまだ自分の気持ちをちゃんと知らずに、ただ日常を消化するだけの日々を過ごしていた頃があったの。その頃のヮタクシは、本当に荒んでいたわ。何が好きで何が嫌いか、そんなことを考えるっていう発想すらなかったの。

ただ毎日をなんとなくこなしていただけ。朝起きて、仕事に行って、帰ってきて、友達と遊んだり、ご飯を食べたりして、また寝る。それの繰り返し。でも、何か心にぽっかりと穴が空いている感じがずっとあったの。

自分のやりたいことや、本当に好きなことを理解していないと、心が満たされないのよ。その結果、人間ってどうしても他人のことが気になって仕方がなくなるの。

だから、ついつい他人に嫌味を言ったりして、自分の心をフラットに保とうとする。でも、それって本当の意味で自分の気持ちを満足させてるわけじゃないのよ。**今思えば、他人にケチをつけるなら、自分の人生を満たしなさいよ、って思うわ！　不幸人生からの脱却よ。**

いまのヮタクシ、最高位のレヴェルにいるKARA！

ヮタクシが一番荒んでいた時、ちょっとしたことでもすぐに反応して、相手に1000倍返ししなきゃ気が済まなかったの。当時は、芸能の仕事を始めたばかりで、仕事が思うようにいかなくて、フラストレーションが溜まりまくりだった。結果的に、ヮタクシの心はどんどん荒んでいってたのよね。

そんな時、地元の友達や親から「何であんた、普段の方が100倍面白いのに、テレビだと面白くなくなるの？」って言われたのよ。でも、その時はまだ若かったし、どうしても「キレイな自分を見せなきゃ！」って思い込んでたの。まるで女優のように振る舞ってたのよね。「ライトがないと出ないわ」って、そんな感じで格好つけてたの。

でも、ある日ふと、「なんでヮタクシ、こんなに格好つけてんだろう？」って思ったの。SNSに自分のことをちょっとさらけ出して投稿してみたら、それが妙にウケたのよ。瞬く間に万バズよ。それが「アレン様」の誕生のきっかけだったわ。（その時の詳しいお話は次のエピソードで♡）そこで気付いたの。「これがヮタクシのやりたかったことだ！」ってね。みんなが求めてたのはキレイなヮタクシじゃなくて、もっと素をさらけ出したヮタクシだったのよ。

「本当の自分」で生きる大切さを思い知ったヮ。

それに気付いてからは、もう誰にも何にも遠慮せず、自分の素を前面に出すようにしたの。すると、周りの反応が劇的に変わったのよ。仕事もどんどん上手くいくようになったし、人間関係も良くなったわ。この6年間、もう本当にずっと絶好調って感じ！　もう全てがダーッと好転したの！

思うに、**素の自分を出さないと、どうしても無理が生じるのよね。**自分を抑えつけていると、結局一番苦しいのは自分なの。でも、一度でも自分の素を出せば、周りの反応なんかどうでもよくなるのよ。逆に、みんながそれを喜んでくれるから、余計に楽しくなるじゃない？

結局、ヮタクシは「素を出せて良かった」って心から思ってるわ。**今では、素の自分でいることが一番の強みだと思ってるし、そのおかげでいろんなチャンスが巡ってきた。**いまは、誰に何を言われても、全く気にならない。

むしろ「**言っておきなさい、どうでもいいから。ヮタクシ、いま最高位のレヴェルにいるKARA（コリアのアイドル）、気にならないわ！**」って感じ。

だから、みんなも自分を偽らずに、ありのままの自分を出してみてほしいの。最初は怖いかもしれないけど、素を出してこそ、人生はもっと面白く、もっと自由になるのよ！

RULE 6

やる気がない時ほど、家の掃除

なんだか無性にむしゃくしゃする時、ワタクシは部屋の掃除を徹底的にします。靴の1センチのずれも許さない！　掃除が終わった後「何でモヤモヤしてたのかしら？」って思うぐらいスッキリするからおすすめよ。あと、ワタクシは毎日ベッドメイキングしているんだけど、朝起きたらすぐに枕は立てて、掛け布団もきれいにピンと整えるの。

自分の機嫌を自分で取るために、あらかじめできることはやっとくの。家を出る時には整理してから出る、テーブルの上には何も置かないとか、自分が気持ちよく過ごせるルールを作っておくのよ。

本当の自分を放出できない者に開かれる道はない

本当の自分が出せないと、人間って怒りがたまって、どんどん歪んでいくものなの。

その証拠に、当時のワタクシは、いつもイライラしてたし、誰かを叩いて注目を集めようと必死だったわ。

盗撮は絶対NO！ もう、ブチギレが止まらない！

唐突だけど、聞いて？ ヮタクシね、本当に許せないことがあるの。それは、**ト・ウ・サ・ツよ！**

みんなも経験あるかしら？ 街を歩いてる時、ふと気付くと誰かがこっちにスマホを向けて、無言でパシャッとシャッターを切られてた……って経験。

そりゃ、ヮタクシのあふれるオールァは隠しきれないのはわかるのよ？ でも、これをやられると、もうマッコト（野々村）イライラが止まらないの！

この前、某レジャーランドに行った時も、ちょっとした事件があったのよ。その時、ヮタクシは友達と一緒にベンチに座って、ォットリ楽しくおしゃべりをしてたの。つぶつぶのディッピンドッツ・アイスクリームを食べながらね！

すると、気が付いたら、目の前に女子中学生か小学生くらいの子が5人くらい集まってきたの。「あら、何かしら？」って思ってたら、その子たちがくるりとヮタクシたちに背を向けて、急に全員で自撮りを始めたのョッ！【小太り大爆笑】

待って、待って、待って！？？ アンタたちが背景にしているのは、ただの道路……。

ジェットコースターも観覧車も何もないし、風景が綺麗なわけでもない。見えるのはただヮタクシたち二人だけ。要するに、ヮタクシの姿を狙ってる……？

何か挨拶が一言あるならまだマシなんだけど、その子たちは、ヮタクシたちを背景にして黙ってバンバン写真を撮ってるわけ。もうイライラが頂点に達して、こっちも無視できなくなったわよ。最初はじっと睨んでたんだけど、全然やめる気配もない。

さすがに怒りがドド突き上げてきたヮタクシ、食べていたつぶつぶのアイスを、そいつらにぶちまけてやったわ！**「しっ、しっ！盗撮するんじゃないわよ！」って、鳩を追い払うみたいに、撒いてやったのよ！！！**

バーッと足元にアイスの粒が飛び散る様子を見て、あの子たち、ビックリした顔してたわ。

でも、ああいう無礼なことをするNPには、しっかりと反撃することが大事よね。**「有名人なんだから有名税だ」と言われることもあるけど、何それ？**いくら寛容なヮタクシだって、黙ってやられっぱなしじゃないのヨッ！

大阪のおばちゃん、憎めないわ〜

基本的にはヮタクシ、ファンの方からの路上での撮影はお断りしてるんだけど、なかには盗撮されても許せるケースもあるのよ。先日、新大久保でロケをしてたら、ヮタクシのあふれる高貴なオールァが隠せなくて、いろんな人が注目してくれたの。

そしたらね？　3人くらいの大阪のおばちゃんたちが近寄って来て、「アレン様、めっちゃ綺麗！　写真撮ってもええか？」って言うの。最初はうちのスタッフが丁寧に断ってたわ。でも、信号が青になって歩き始めたら、おばちゃんたちが後ろでさっとスマホを構えて、「**じゃあ後ろ姿だけ撮らせてもらいます！　眼福〜！**」って言って、パシャッとシャッターを切ってたの！！！　苔蒸す！！！

さすが大阪のおばちゃんよね。あの図々しさは、憎めなかったわ……。こっそり盗撮するんじゃなくて、堂々と「撮らせてもらいます」って言うんだから、ヮタクシも「もういいわ、お撮りなさいな」って気持ちになっちゃったの。盗撮はやっぱり許せないんだけど、言い方やり方一つで、こちらの気持ちも全然違うものになるのよね。

結局のところ、人との関わり方って、やっぱり相手をどう尊重するかが大事なのよ。だからこそ、どんな時でも礼儀は忘れちゃダメってことヨッ！

「普通じゃなきゃダメ」なんてことは全然ない

ところ（ジョージ）で、コンプレックスをいじられたり、指摘されたりするのって、マッコト腹が立つわよね。いつもありのままをさらけ出してるヮタクシは、もう無敵よって感じだけど、最初からそうだったわけじゃないの。昔は、コンプレックスがありすぎて、本当に人生つらかった。

ヮタクシ、保育園時代からわかっていたの。自分がちょっと女の子っぽいってことは。男の子の遊びなんて興味ないし、自分のことは「ボク」でも「オレ」でもなく、「ウチ」って呼ぶ。で、周りも気付くわけ。「あいつ、ちょっと変じゃない？」って。

ほんとに、子どもって残酷よね。小学生くらいの頃から「オカマ」なんてあだ名つけられてさ。**それがどんだけ傷つくかっていったら、もぉおおおう、言葉じゃ言い表せないくらい！！！！！**

正直問題、「オカマ」って言葉で「自分って普通じゃないんだ」って思い知らされたのよね。

今にして思えば、「普通じゃなきゃダメ」なんてことは全然ないのに、その時は「普通じゃないとダメなんだ」って思っちゃったの。

もうひとつ、トラウマになったのは「スポーツ」よね。ヮタクシ、運動は小さい頃から大の苦手なの。小学校時代のドッジボールとかは、もう地獄以外の何物でもなかったわ！　ボールを投げれば、「オカマ投げ」って暴言を吐かれる。**アリエナイ！！！**

チーム分けの時も、どっちのチームからもメンバーとして欲しがられないから、最後まで一人余っちゃって、完全にいらない物扱い。ああもう、涙で前が見えなくなってきて、ちゃんと言葉に出来ているかわからないけど、その経験がトラウマ過ぎて、**「スポーツなんて二度とやりたくない！」って思ったわけ。だから、スポーツ大～嫌い！　意味ないもん！**　だってつらい思い出が蘇るんだもん！

でもね、11歳のヮタクシは、「そこで終わらせちゃいけない」って子どもながらに思ったのよ。そこで、中学校受験して、「誰も自分のことを知らない環境で、ゼロから自分を作り直そう」って決意したの。オカマって言われないように、わざと自分のことを「オレ」って呼んでみたの。

だけど、結局、根本の自分は変わらない。やっぱり女っぽい自分がどこかにいるわけで、そうするとまた「オカマっぽい」って言われちゃう。テレビなどのメディアで「オカマ」って言葉が聞こえるだけで、自分がダメな人間みたいに感じてしまう。**「オカマ」と「スポーツ」、それがワタクシの人生における二大トラウマだったわ。**

いつもイラついて、誰かを叩いて注目を集めようと必死だった

そんな経験があったから、若い頃のワタクシって、実はずっと男っぽくふるまってきたの。自分のこと「オレ」とか言ってカッコつけてたの。

初めて会う人たちにも嘘の自分を見せてたから、心から話し合えるような本当の友達なんて全然できやしなかった。自分も嘘と向き合い続けているわけだから、もう、そんなの疲れるに決まってる。

20歳くらいに芸能の仕事を始めた頃も、「女好きのヒモ男」って設定でテレビに出てたのよ。でも、嘘ばっかりだから、売れるわけがないわよね！

さらに、ここからすンごく重要な話をするんだけど、**本当の自分が出せないと、人間って怒りがたまって、どんどん歪んでいくものなの。**その証拠に、当時のヮタクシは、いつもイライラしてたし、誰かを叩いて注目を集めようと必死だった……。

たとえば、コンビニで偉そうな店員がいたら、「何よあのコンビニの店員、感じ悪っ！」ってTwitter（現X）で叩いて、炎上キャラを演じる。情けない話だけど、それでしか目立つことができなかったのよ。オカマである自分を恥ずかしいと思って隠してたし、世間から外れてる自分がみっともないって思ってたから、余計にね。

正直問題、本当の自分で生きるってすごく楽ちん人生！

でもね、ある時、友達や家族といった周囲の人たちから「なんであんたってテレビに出ると面白くなくなるの？　普段のアレン様の方が面白いのに、何かかっこつけてキモいわ！」って言われたの。

それで5、6年前かな、思い切ってTwitterで自分をさらけ出してみたのよ。すっぴんの寝間着姿で、オカマっぽい本来のヮタクシを。さらに、自分が感じたことや面白いことをそのまま動画にしてみたの。

そしたらね、もうビックリよ？？！　今までは「いいね」の数も5、6個しかつかなかったのに、突然1000個くらい「いいね」の数がつくようになったの。

もう感動の嵐！！！「これがヮタクシのやりたかったことなのよ！」って、自分自身が認められた瞬間だなって思ったわ。

だってね、やさぐれて他人を叩いてる時は、みんなに見向きもされなかった。それが、吹っ切れて自分をさらけ出したら、みんながヮタクシを見てくれるようになったの。そこからは、もう嬉しさのあまり、バンバン投稿するようになったわよ！「あの時、勇気出してオカマな自分を出したヮタクシ、ナイス判断！」っていまだに思う。

そこからはもう自信満々よ。**嘘偽りを言わず、自分を隠さなくていいんだ。本当の自分を見せるって、こんなにも楽で、こんなにも力になるんだなって実感したザマス。**

もし、いま「自分が出せてない」「なんだかくすぶってる」と思う人には、自分を思いっきりさらけ出してみてほしいの。びっくりするような新境地が待ってるワョッ！

RULE 7 大事な人には会っておく

最後にワタクシのルーティンを発表するわ。それはね、会いたい人と会える時に会っておくのよ。

だから、ワタクシはしょっちゅう実家に帰ります。親もだんだん歳をとって、ワタクシよりも先に死ぬことは確実じゃない？ その時を迎えてしまった時に後悔することが嫌だから、会えるうちにたくさん会っておきたいの。こないだ高知ロケがあったんだけど、たった30分だけでもいいから！と言って、親をカフェーラに呼び出してお茶をしましたわよ。

親以外でも、大切な兄弟やパートナー、友達でも、人生はいつどうなるかわからないじゃない？「会いたいと思う人には必ず、会いに行ったほうがいい」って、みんな言うけど、実は意外とできてない。人生どうなるかわからないからこそ、「無理してでも会っておいたから、ワタクシも後悔ないわよね」って思えるぐらい、大切な人との時間を作っていけるといいわよね。

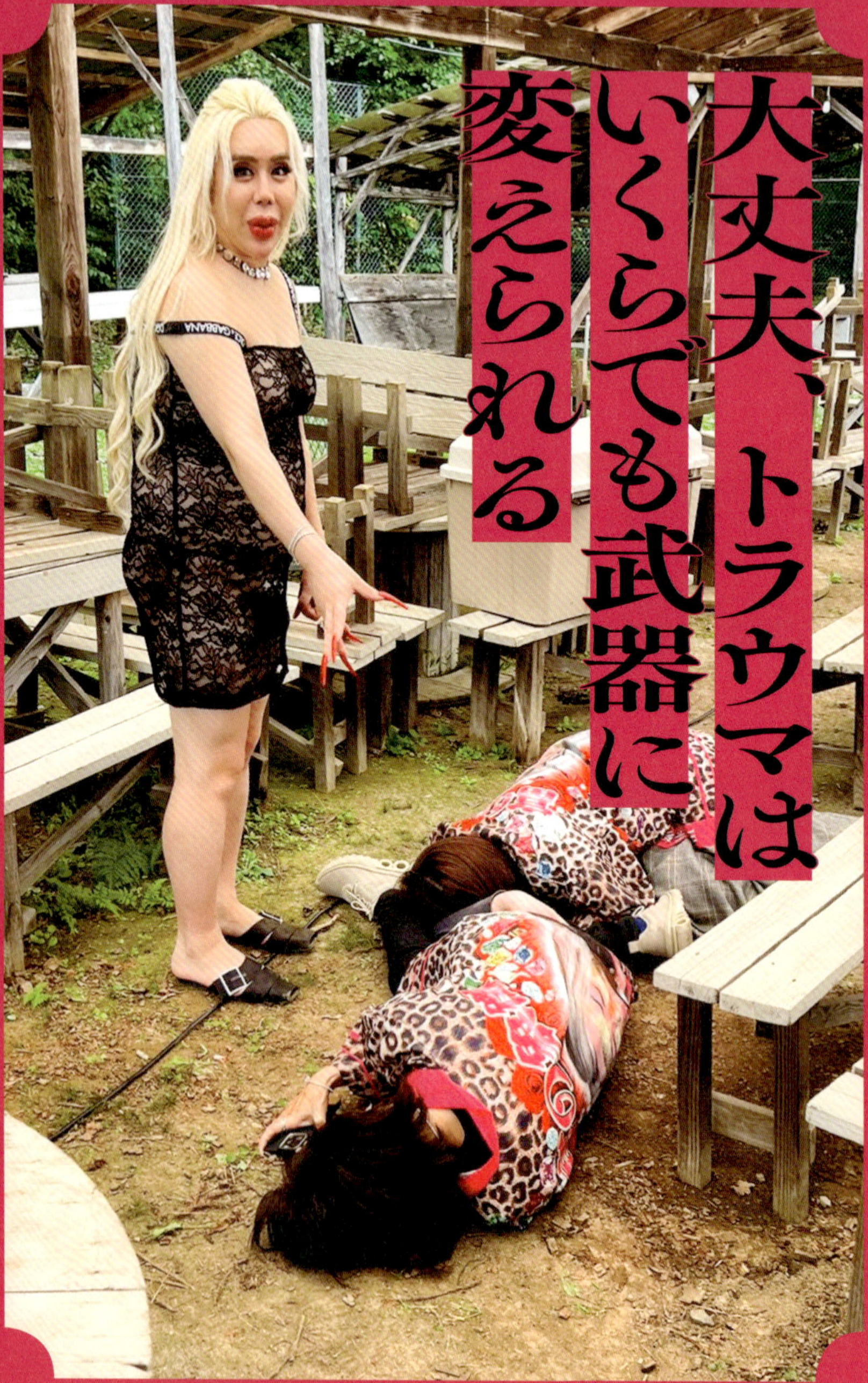

大丈夫、トラウマはいくらでも武器に変えられる

トラウマも、捉え方次第で武器に変わる。
誰かが何かをからかってきても、
それを自分の強みに
変えて笑いにしていく。

その想いがあるだけで、
人生はぐっと
生きやすくなる
はずよ！

ヮタクシのBODYを盗み見ようとしたァータたち、許さないんだキロ！

ちょっと聞いて!? 最近、またもやブチギレることがあったのよ！！？ ヮタクシが困っているのがどこに行ってもオールァが隠せずに目立っちゃうってこと。

こないだも大好きな温泉の湯船にどっぷり浸かって、いい気持ちで温まってたわ？ そろそろ上がろうかなって思ってた時に、4人の若いBoysたちがヮタクシに気付いたみたいで、チラチラこっち見ながら足湯にだけ浸かって、こそこそ話してるのよ。

もうその時点で「あ、これ上がるタイミング狙ってるな」ってピンときたわ。ここで立ち上がって湯船を出たら、ヮタクシのBODYが丸見えでしょ？

ヮタクシの美BODYを盗み見るなんて、許せないんだキロ！！！ そう思って、彼らをキッと睨みつけながら、湯船に浸かり続けてやったわ？ 茹でダコどころか、完全にふやけたタコになった頃、友達が心配して「大丈夫？」って言いながら助けに来てくれたキロ、**高温のお湯に2時間以上も浸かってみてごらんなさいよ!! 本当にいい迷惑よ！**

リラックスしたくて温泉に行ったのに、ジロジロ見られるのは本当に最悪人生！　この状況、誰だってブチギレますよね？？！？　あの時、温泉にいたァータたち、二度と同じことをするんじゃないわョッ！

正直問題、トラウマこそ人生最大の武器！

多くの人のブチギレを生む原点でもある「トラウマ」との付き合い方っていろいろあるわよね。ヮタクシの人生にも本当にたくさんのトラウマがあったの……。

いつしか「トラウマこそ武器になる！」って気が付いてからは、意識が180度変わったわ。「馬鹿と天才は紙一重」っていう言葉があるけど、**「トラウマと武器は紙一重」ってヮタクシは言いたい。**

たとえば、いまだに世の中の多くの人は、ヮタクシのことを「オカマ」だと思っているじゃない？　このエッセイ内でも書いたけど、昔は「オカマ」という言葉はヮタクシにとって最大のトラウマだったの！！！

でも、最近になって気付いたのよね……。もし、ヮタクシが「ただの男」だったら絶対こんなに多くの人に求められることもなかったのかなって。

「アレン様は女性でもない、男性でもない。アレン様はアレン様っていう性別だし、唯一無二の存在だよね」って言われるのは、性別に縛られない自分でいるからだなって気がついたの。

つまり、オカマっていう言葉は、いまではヮタクシのすごい武器なのよ。

「アウト×デラックス」（フジテレビ）に出演して、マツコ・デラックスさんに「アレン様ってオカマですよね」と言われても、今じゃ、「マツコさんもじゃないの、ヮタクシたちオカマ同士よ！」って笑って返せる。「オカマ」って言葉が、ヮタクシを唯一無二にしてくれてるってわかってるから!!

結局ね、**トラウマなんて抱えてるだけじゃ損するの。隠そうとしてたら、どんどん苦しくなる。でも、ヮタクシみたいにそれを武器に変えたら、もう最強よ？** トラウマを、堂々と自分の魅力に変えていったその先には、必ずァナタが輝ける場所が待ってるわ!!

いまなら「オカマって思ってる？」って、普通に聞ける

「じゃあ、どうやってトラウマを武器にすればいいんですか？」ってよく質問されるんだけど、

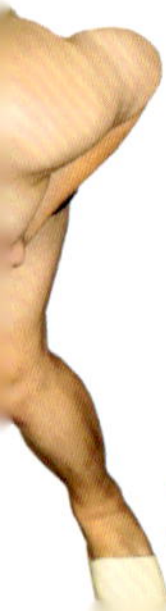

答えは超シンプル！！！

自分のトラウマを、どんどん人に話して、どんどん人に見せていくこと。

これだけよ？　人に話して見せていかないと、トラウマは消えていかないから。

ただ、それが言葉でいうほどカンタンじゃないってこともわかってる。ヮタクシも、最初は「男っぽくしなきゃ」と思い込んでいたから、自分の姿が出せなかった。周囲の人にどう思われているかは気になるのに、「ヮタクシのこと、オカマって思ってる？」って聞くこともできなかったもの。

でもね、今なら他人に堂々と聞けるわよ。「正直に言ってよ、ヮタクシのこと、オカマって思ってるでしょ？」って。

もちろんこれって、大人になった今だからこそ言えること。ヮタクシの幼少期から17歳まではトラウマに支配された青春だったけど、もっと早く吹っ切れてたら、人生もっと楽しめたはずだなっていまだに思うわね。

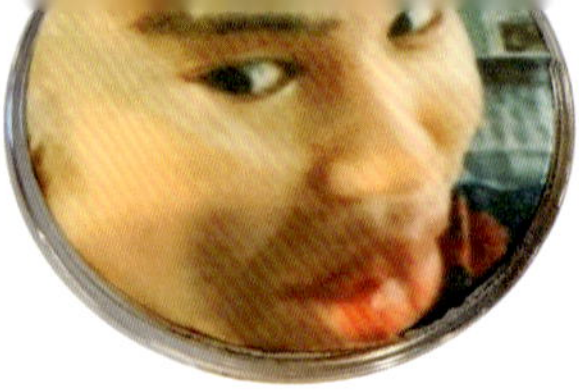

貧相な唇の人よりも、ヮタクシの唇のほうがセクシーじゃない？

外見のトラウマだって、活かしたら武器になるのよ。ヮタクシね、子供の頃から、唇がちょっとぽってりして、「たらこ」っぽかったのよ。幼稚園の頃から「たらこ唇」って呼ばれてさ、それがつらいのなんの！

小学校に上がる頃には、「男のくせに女みたいな唇してる、しかもたらこだし」って言われちゃって、またもや「オカマ」呼ばわりされるしね。心の中じゃもうやさぐれてたわよ。**当時は、コンプレックスの塊で、笑う時も目立たないように、唇をあえて口の中に引っ込めてたのよ！！？！！【小太り大爆笑】**

でもね、途中で考えを改めたの。コンプレックスを隠すんじゃなくて、逆に前面に押し出したらどうなるんだろうって。それ以降、ぽってりした唇を隠そうとするんじゃなくて、目立つように強調してみたの。

そしたら、今じゃどう？「たらこ唇」がヮタクシのトレードマークよ。むしろ、「アレン様のアイコン」みたいになっているの！いまでは「貧相な唇の人たちよりも、ヮタクシの唇の方がよっぽどセクシーだわ？」って思ってるわ。

すこぉぉぉしの薄毛も笑いに変えたら、OK人生！

ちなみに、コンプレックスを武器にしている人は、ワタクシだけじゃないわ。最近、ワタクシのことをよく撮影してくれるカメラマンさんがいらっしゃるんだけど、彼ね、すこぉぉぉし薄毛なのよ。まぁ、年齢相応って感じで、誰もそこに突っ込まなかったの。

でも、ワタクシが先日、滝で撮影してもらった時、そのカメラマンさんが水の中に入ったら、頭髪がべったり頭にくっついて、まるでカッパにしか見えなくて……。あまりに気になったから、ついスマホで撮影したら、すごくいい写真が撮れちゃったの。そこで、勇気を出して「カッパじゃないのよ」っていじったら、もうカメラマンさんも大爆笑！！！

「これ、普通の人だったら嫌がると思うけど、実は僕はこの薄毛をトレードマークにしてるんですよ」って言うのよ！ ステキでしょ？

しかも、自分のインスタやXにもその写真を投稿して、完璧に笑いへと変えちゃったの。そうやって**自分のコンプレックスを笑い飛ばすって、マッコトンすごいわ？** まさに、トラウマを武器にしている姿勢が、素晴らしいなって思ったわ。

ワタクシもね、幼少期は自分の唇が嫌で仕方なかったけど、今ではトレードマークだもの！　あの頃の自分に言ってあげたい。**「アンタ、そのたらこ唇、気にしなくていいのよ。いつか武器になるんだから！」**って。

トラウマも、捉え方次第で武器に変わるの。誰かにからかわれても、自分の強みに変えて笑いにしていく。その思いがあるだけで、人生はぐっと生きやすくなるはずよ！

本来の自分を出せないと、心はどんどん歪んでいく

そして、重要なポイントは、**トラウマを抱えたまま本来の自分を出さないでいると、心はどんどん歪んでいくってこと。**

なぜなら、トラウマと向き合うのが怖くて本来の自分を隠していると、自分に目を向けず、他人のあら探しばかりするようになっちゃうからなの。自分の欠点を認めたくないから、他人を叩いて「この人も自分と同じ欠点を持っているんだ」と思うことで、安心感を得ようとする。

これ、ワタクシもそうだったからよくわかる！

ただね、いまはひねくれている人を見るとすぐに思うの。「この人、トラウマの塊だな」って。

アンチのコメントを見ても、全然傷つかない。昔は、アンチのコメントが来ると、本当にイライラしてたけど、いまは「昔のヮタクシもこんなことやってたわ。好きなだけ叩いて、満足してね」って思っちゃう。まるで、**マリア様のような慈悲深い気分よ！**

今でもアンチのコメントは毎日のように来るけど、全然平気。「キモい」とか言われても、心の中で「本当の自分を隠してひねくれているァンタも、十分キモいわよ……！　苔蒸す！」ってかわいそうになるわ。他人を叩いて満足してるそこのァータ、その事実に早く気付きなさいね？　大変気持ち悪いわよ。

自分の幸せを知ることで、自分をもっと好きになれる

じゃあ、自分をさらけ出すために、最初に何をしたらいいのか。**おすすめなのは、まず自分が何を好きなのかを知ること。**そこから始めるのよ。ヮタクシがよくやってたのは、紙に自分の好きなことを書き出すこと。どんなに些細なことでもいいのよ。

「自分はコスメが好きだな」「ゲームをやってる時が楽しいな」とか、とにかく全部書き出す

の。「YouTubeを見るのが好き」「ネット検索が好き」とか、なんでもいいのよ。

これをどんどんやっていくと、「意外と自分はいろんなことに興味があるんだな」って気付くはず。自分の興味や好きなことを可視化することで、次に何をすればいいかが見えてくる。これ、すごく大事なことよ！　自分が好きなことを周囲の目を気にせずにやり始めると、本当の自分が見えてくるし、何をしている時に幸せを感じているかを知ると、自分自身ももっと好きになれるはずだから。

それに加えて、嫌いなことややりたくないことも、ちゃんと知ることが大切ね。「これはやりたくない」「あれは嫌だ」って事実を明確にしておけば、自然と避けることができるでしょ？　それが自分を守ることにもつながるのよ。

だから、毎日をただ流されて生きるんじゃなくて、ちゃんと自分を見つめて、好きなことをどんどん探していく。それがトラウマを克服する第一歩だと思うわ。

負の感情にまみれたら、アレン様を見なさい！

自分のトラウマを考えると、すっごく落ち込んだり、負の感情にまみれてしまったりすることもあるわよね。

そんな時はどうしたらいいか。答えは簡単。1個しかないわ！

それは、**「アレン様を見なさい」**ってこと！

これ、冗談で言ってるワケじゃないのよ。クリマンたちから日々寄せられている声を見ると「もし、アレン様の存在を知らなかったら、多分次の日に死んでました」「アレン様を見てたら、ありのままで怒っていいんだってわかりました」って人ばかり。それを聞いても、「怒りを表に出す」ってことがどれだけ大事か、わかるわよね。**もはや、自分の気持ちを抑えるなんて、アリエナインだキロ！！？！**

実際に、「アレン様の動画を見て、私も言いたいことを言ってみました！ そしたらいろいろ悩みが解決しました」っていうクリーマンは、ものすごぉぉぉぉくたくさんいるの！ それを聞くたびに、ヮタクシはみんなを笑わせるだけじゃなくて、人の心の奥に響くものをちゃんと届けられているんだなって実感しマス……。

自分に自信がない？ トラウマがある？ 生きていける気がしない？

そんなこと言ってるクリマンたちは、ヮタクシを見てごらんなさい!? 10代でいじめられて、その反動で少年院まで行ったヮタクシが自分のトラウマを武器にしたように、ァータも生きていけるわよ!!

大事なことだから、何度でも言うわ。

アータたちも、嫌なことがあったら、ヮタクシを見て笑ったらいいの! そしてたくさん笑った後は、自分を信じて、ありのままで生きていきなさい!

【アレン様 用語辞典】

ヮタクシが口にするお言葉にされる言葉「クリマン語」。
この言葉を覚えれば、あなたもクリマンに近づけるはず…！

アレン様大先生	アレン様。アレン様への敬称。大先生の後「尊師神様教祖」と付くこともある。
ヮタクシ	私。自分自身のこと。私。ヮ🚕と記載することもある。
汚歯世～	おはよう。汚い歯の世界と書いて「おはよう」。汚れ切ったこの世界でも挨拶が必要というアレン様からのメッセージでもある。✨🌹DEKAMARA MORNING🌹ということも。
全ア	「全てアレン様が正しいでございます」の意。同タイトルの書籍も大ヒット中。
マラ	男。本当にありえない人のことを「ｳﾞｫｹﾏﾗ」と呼ぶこともある。
クリマン	アレン様を愛するファンの人々の総称。🌰🈵と称することもある。時にクリーマンと呼ぶこともある。
NP（ノーマルピーポー、ノマピ）	普通の人。クリマンではない人々。アレン様に敬意のないNPたちは、「アンチ」「悪魔」と同義とみなされる。#アレン様大先生に逆らったものが地獄へ堕ちてゆくのを私はこの目で見た感じた思い知った
ツイーチェ	ツイート。ここ最近ではポストと呼ぶが、アレン様は古のSNS「Twitter」を愛しているが故にツイーチェと読んでいる。
ブチギレァゲる	ブチギレ最上級の時のことを指す。時に「ドド突き上げる」ということも。
正直問題	はっきりと物申しておきたいことの前に付く接続詞。
【小太り大爆笑】	爆笑したい時にアレン様がつける（笑）的な言葉。
No! No! No!	拒否をする時に出す言葉。NO！と単発で発することもある。
MONEY	お金。アレン様がこの世で一番大切に思っているもの。
労働人生	仕事ばかりの人生。アレン様が最も嫌うもの。
人生はじゃがいも	「特に意味はない」という意味。「どうせ人生はじゃがいものようなものなんだから、意味なんてない。自分が過ごしたいように過ごせばいい」という意味合いがある。

NO！労働人生
でも、
一度受けた仕事は
プロなら最後まで
やり抜くわヨッ！

「やります!」と声を上げたのなら、プロとして最後までやり切る——

それが私の仕事における美学なの……!

プロなら仕事をやり切るの！

クリマンのアンタたちはよーくわかってると思うけど、正直問題、ヮタクシ、労働人生を忌み嫌ってるわ？　**本当に大っっ嫌い!!**　**だからあれだけ働かせるなって言ったでしょう！**

でもね？　**どんな仕事でも、一度自分が引き受けたからには、全力でやり抜く。**

これがヮタクシのポリシー。自分がそうだから、周囲にプロ意識に欠けた人がいると、怒りがムラ突き上げて、止まらないザマス！

実は、最近もちょっと腹立った出来事があったんザマス。

クリマンのみんなに会える、ものすごく大切なイベントの当日。チームのスタッフのカメラマンの男の子が、現場に現れなかったの。**しかも、連絡なしで！　どういうこと！！？？**

エンタメの業界って、一人ひとりの役割がはっきりしているから、当日誰かが

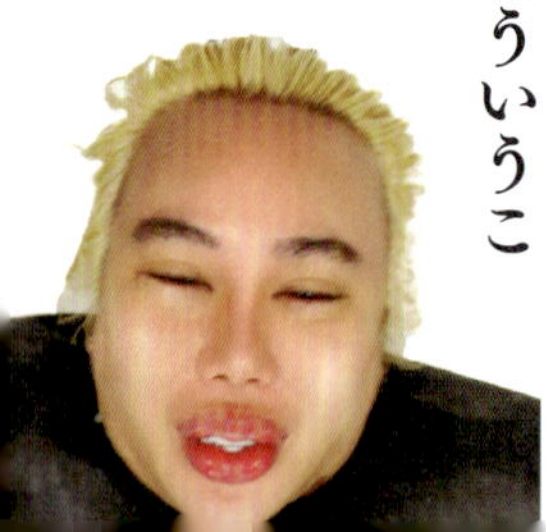

来られないとその損失は計り知れない。誰かが遅れるともう何もかもが狂っちゃうし、ほかのスタッフのみんなに迷惑がかかる。

当然ながら、遅刻したスタッフへのヮタクシの怒りは止まらなかったわょえ……!!??

寝る時間を削っても、仕事に責任を持つのが当然のコト……なソですョッ!

遅刻してきたスタッフは、かれこれ5年も一緒に仕事してきた人だから、1つの失敗くらいで見放したくはないの。だけど、大事なのは、大きなミスをした後、どんな誠意を彼が見せるか。**だって、プロフェッショナルなんだから!**


ヮタクシだって、寝る時間がなくても、仕事に支障が出ないようにしっかりやるし、みんなに迷惑をかけないようにする。深夜1時まで収録があったその日、朝5時から別の撮影があって、寝坊するのが怖いからずっと夜通し起きてるなんてこともザラ。**体力的にはつらいわよ〜〜?**

でも、**一度引き受けた仕事だもの。それができてこそ、プロとしてやっていけるのヨッ?**

誰か一人でも仕事に責任を持っていない人がいると、ヮタクシやチームの信頼もなくなっちゃうから。その誠意が彼にないなら、残念ながらお別れするしかないわよね。

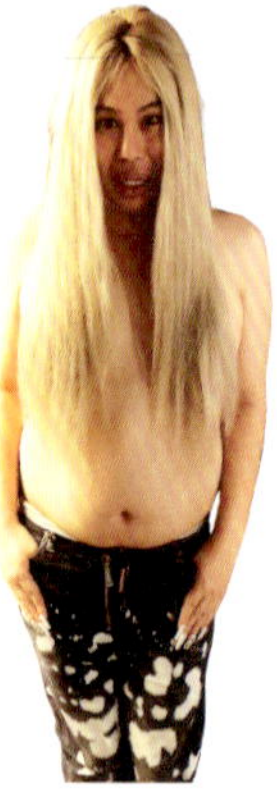

イベント当日に大遅刻をしたスタッフ……ムラ突き上げる中、ヮタクシが下した決断

そして、集合時間から3時間後、その子が現場にやってきたの……。すると、彼は来て早々、控え室にいるヮタクシに、いきなり土下座してきたのョッ。

土下座なんてさせる気もないし、求めてもいないんだキロ、その瞬間、ヮタクシ、少し冷静になったの。だって、今は仕事中だし、イベントでお客様も待たせてるし、ここでその話しても無駄！　だから「**ちォットン！　謝罪はいいから、今は仕事してください！**」って、彼に言ったわけ。

つつがなくイベントが終わったその日の夜、彼からかなり長文の謝罪メールが来たの。正直、ヮタクシはかなり怒っていたけど、そのメールを読んで思ったのよ。「あ、自分のしたことの重大さに、気付いたんだな、この子」って。

そこで、ワタクシは彼にこう言ったの。

「遅刻したことで、あなたが迷惑をかけたことをもっと自覚してください。エンターテインメントの世界は替えが利きません。この仕事はあなただけじゃなく、他の人にとっても大事なんだから」って。


そして、ワタクシから彼に選択肢も与えたの。

「今、あなたがこの仕事を続けたくないなら、うちのチームから離れてもいい。ただ、どうしたいか、あなたが決めることよ」


その後、彼からの返信には「アレン様と一緒にこの仕事を続けたい、もう一度チャンスをください」って書かれてたワ。ワタクシはその時、彼が心から自分の行動を反省して、責任感を持とうとしているのが分かったから、「あぁ、やっぱり人って成長するんだな」って感じたの。

その後、彼は遅刻もしなくなったし、以前よりも明らかに態度がよくなったの。

怒るのは悪いことじゃない。大事なのは怒った後、どうするか

何が言いたいかっていうと、怒りをぶつけるのは大事なこと。**でも、実は仕事みたいな場だと、怒った相手に対して「どうするか」「どうなりたいか」を考え**

る時間を与えてあげることが大事なの。

怒りをぶつけるのは簡単だけど、その後にどうやって相手が変わるかを考えるのが、仕事をしていく上で一番大切だと思うのよね。だからこそ、ワタクシも厳しくしつつも、考える時間を与える。そうすることで、相手が成長できるんだから、結果的にいい方向に進む。

今回の件については、結局そのスタッフが誠意を見せてくれたから、ワタクシはもう一度チャンスをあげたの。でも、これからは気を引き締めてもらわないとね。もし彼がもう一度同じことをしたら許さないんだキャロル！

最後にァンタたちに伝えたいメッセージがあるわ……

感情のジェットコースター！
悲しみ抜いたワタクシの恋愛人生

今なら
泣いたって仕方がないって
わかってはいるキロ、
恋は盲目。

ワタクシにだって
つらい恋愛の経験
があったの……。

どんなに愛した相手でも、他人の気持ちは、絶対にわからない

突然だけど、ァータたち、いま恋愛してる？

恋するクリマンたちに伝えたいんだキロ、ワタクシ、人を好きになること自体は否定しないわ？

ただ、恋愛には大切な鉄則があると思うの。それは「**相手の気持ちを知ろうとしないこと。他人の本当の気持ちなんて、絶対にわからないんだから**」ってこと。これを間違えると、本当に大変な目に遭うわよ！

ワタクシもかつて恋愛では痛い目に遭ったって話は、すでにこの本でも伝えてきたけど、特に忘れられない恋愛があるの。そのエピソードを披露させてもらっていいＣＡ４ＬＡ？

ワタクシが20歳過ぎた頃、すごく好きになった人がいたの。いわゆる一目惚れってやつ。もう、初日から好きが高まり過ぎて、「うわぁ、こいつやば！！！」って、感じだったわけ♡

出会ってすぐに、お互いに夢中になっちゃって、昼夜問わず、ずっと激しく突き上がっちゃ

ったわよ！　気付いたら朝になってて、また夜になって……。そのくらい、すごくすごく大好きだったの。

若い時の恋愛って、もう、感情のジェットコースターみたいなもんじゃない？　今になって思うと、あんなに好きで、何でもかんでも信じちゃっていた自分がちょっとバカだったなって思うキロ、その時は一生懸命だった。

とにかく大好きだったから、だんだん半同棲みたいな感じになったのよね。その人の家に荷物を持ち込んで、ほぼ毎日通って暮らし始めたわ？

最愛の人の携帯から出てきたのは……

でも、「あれ、ちょっとおかしいな？」って思うことが少しずつ起こるようになったわ？

まず、財布を見るといつもMONEYが足りない！

でも、ヮタクシってすごくピュアだから、「あれ？　もっと1万円札を入れてたはずなのに、何でこんなに少ないんだろう。使っちゃったのかな？」って思うだけだった。

相手の方はちょっと変わった人で、仕事はしているもののあまりお金がない人だったの。ヮタクシはその当時から若いながらに結構MONEYを持っていたから、最初から二人の間の金銭感覚はちょっとズレていたかもしれない。

でも、ある日、……とんでもなく怖いことが起きたわ？

その日、ヮタクシはその人の家に泊まっていたの。しかも、当時のヮタクシ、「クレヨンしんちゃん」にドハマりしまして（今も大好き♡）、何話も続けて観まくってたのよ。それこそ、血眼になって！

まだWi-Fiもあまり普及してなかった時代で、ネットにも速度制限があったから、相手の携帯を借りて、「クレヨンしんちゃん」を観てたのね。

その時、ふと魔が差したの……。

その人の携帯のデータフォルダを、つい開いちゃったのよ。

何が見えたと思う？

見慣れたアレよ、アレ。なんと、ヮタクシの身分証の写真よ……!?

「ちょ、ちょっと待ってーーー!!　え、なにこれ?!?!」って、マッコト（野々村）焦ったザマス……。

でも、その時、脳が高速フル回転して、頭の中のパズルがピタッとハマったのよね。「あぁ、お金が足りなかったのは、この人がヮタクシの財布から取ってたからだわ。この身分証明書を悪用して、この人、消費者金融から勝手にお金を借りようとしてるんじゃないの!?」って。

何より悲しかったのは、愛されていたと思っていた人に愛されていなかったこと

でも、ヮタクシのことだから、その後すぐに行動に出たわけよ。

隣で寝ているその人のヘァをむしり上げて、ぐいっと顔を持ち上げて、こう言ってやったの。

「ちょっとさ、ヮタクシに言う事あるよね？　今、警察を呼ぶか、自分から白状して解決するか、どっちがいい？」って。


そしたら、その人もさすがに焦ったみたいで、寝起き5秒で白状してきたのよね。

財布からお金を盗んだこと、身分証明書を出来心で撮影したこと……。

その後、近所の駅にある消費者金融の無人機に行って、お金は返してもらったわ。それでも心の中はスッキリしなかったの。**信用が完全に崩れた瞬間だったから。**

お金を取られたこともショックだったけど、何よりも悲しかったのは「お金を返してほしい」とか「取られたことが嫌だ」とかより、「この人はヮタクシのことを本当に好きじゃなかったんだ」ってわかったこと。ヮタクシの心にヒュルリラとすきま風が吹いたワ。

あんなに一緒にいたし、あんなに好きだったのに。
この人は、全然違う気持ちを抱いていたんだなって。
それがね、もう耐えられなかったの。
もう何も考えられなくて、これまでの何もかもが裏切りに思えてきて。
「これまで、ヮタクシが信じていた時間って一体何だったの？」って思ったの。

でも、そこでわかった。**どんなに好きな相手でも、どんなに近くにいても、その人の本当の気持ちなんて結局は分からないんだってことよね。信じられるのは自分だけなんだなって。**

その後、結局あちらから別れを切り出されて、ヮタクシは耐えられなくて、荷物をまとめて、泣きながらその家を離れたわ。

それから数週間経っても、まだ気持ちは消えなかった。
だって、すごく好きだったから。

もし、その人に「あなたのことが本当に好きだから、もう一度だけやり直してくれないか」と言われたら、突き上げまくる関係を続けてしまったかもしれない。そのくらい好きだったヮ。

数年後、友達からその人は亡くなったって噂で聞いたわ。

「もし、ヮタクシがその人とその後も一緒にいたら、彼は今でも生きていたのかしら……」なんて思ったけど、そんなのは考えても仕方がないのよね。

大事なのは、相手を愛しながらも自分を守ること

この経験からヮタクシが学んだのは、**「相手の本当の気持ち」なんて、誰にもわからないってこと。**

どんなに一緒にいたって、どんなに深い関係を築いたって、結局他人の気持ちなんて知ることはできない。だって、ヮタクシだって自分の気持ちを全部言葉にできるわけじゃないし、他の人がヮタクシの気持ちを完璧に理解するなんて無理なんだもん。

恋愛って、本当に難しいわよね。

だからこそ、**大事なのは相手を愛しながらも、ちゃんと自分を守ることだと思うの。**

いま、恋愛で悩んでいるクリマンたちに、伝えたい。

「相手の本当の気持ちを知ろうとするな」って。だって、相手の気持ちなんて、あなたには分からない。

どんな好きな人でも、自分を守りながら相手を愛することが大事なの。

もし少しでも不安に思うことがあったら、そこでもう見切りをつけるべき。変わらない人は絶対に変わらないから。好きだからって、何度もチャンスを与えても、結局傷つくのは自分なんだから。

誰も自分を守ってなんてくれない。

だから、**ワタクシたちは自分を守りながら、前に進むしかないのよ。**

最後に、もう一つ。

アンタたちに伝えたいことがあるの。

正直問題、こんなシビアな人生なら、自分くらい自分に優しくしてもいいんじゃない?

いまの世の中って、本当に厳しいし、冷たいし、つらいよね。

見た目やお金、地位とかSNSの「いいね」の数とか、いろんなことが求められて、一億総人口がお疲れ状態よ？

そんな社会だから、自分を犠牲にしても周囲のために頑張り続けることが、まるで〝良いこと〟みたいに思われがちだけど、ワタクシはそれが正しいとは全然思わない。

だって、そんなに自分に厳しくして、疲れ果てて、「その先、結局どこに向かっているんだろう」って思うじゃない？

だから、ワタクシは、いつもこう考えてるの。

「人生がこんなにもつらくて厳しいからこそ、せめて自分だけは自分に優しくしてあげよう」って。

もし、こんな世の中で、自分が自分にまで厳しくしちゃったら、もっとしんどくなるじゃない？

だから、ワタクシは自分を責めない。例えば、現場でちょっとミスしたりしたら、普通の人だったら「最悪だ！」って自己嫌悪に陥るでしょ。

でも、ワタクシは違う。なにかミスをしても「あれくらいで済んでよかった、セーフだわ！」って考えるの。最悪にならなかっただけで、むしろラッキーだったわって。

だから、アンタたちも、たとえ失敗しても、「ま、いっか」とか「これぐらいで済んで良かった」って、ポジティブに考えるのヨッ！


ワタクシのモットーは、「人に厳しく、自分に甘く」なの。

自分に怒ることはまずないし、絶対に自分を責めることはしない。それって、かなり大事なことだと思うんザマス。


今の世の中ってルッキズムとかステータスとか、いろんなものに振り回されてしまうじゃない？

ワタクシはね、自分の体型だって気にしない。もし、「デブ」って言われたら「それ、富の象徴！」って言い返すわ？

誰だって、自分の好きなようにやって、楽しんで、幸せを感じられたらそれで良いじゃない！　自分が食べたいものを食べる、自分の体が好きなことをしてあげる。その方がよっぽど大事だし、それでこそ本当に自分を大切にしてるってことだと思う。


だから、皆も自分を責めずに、たまには甘やかしてあげて。

自分の気持ちを大事にしてあげて。
それこそが、つらい人生を乗り越えるために大切なことだって思うから。

おわりに

生きる幻——そう呼ばれているヮタクシも
ァンタ達のように思い悩んだ日もあったザマス。
そんな日々からどう脱却したかって？
ブチギレまくりぁげたヮョ【小太り大爆笑】
今回はァンタ達の代わりにヮタクシがブチギレたけど、
お焚き上げできたCA4LA？
これからも、ァンタ達の人生が幸せになることを願ってるヮ

撮影
尾藤能暢
ヘア＆メイク
小川瑛未（株式会社アートメイク・トキ）
スタイリング
アレン
MOTO
構成
藤村はるな
デザイン
三瓶可南子
編集
立原亜矢子（株式会社KADOKAWA）

アレン
大物マダムタレント。生きる幻。「怒りを我慢しない」「やりたい事は全部やる！」をモットーに、日々、嫌な事にはＮｏを突き付けブチ切れまくり、この大地獄の世の中で、楽に生きていける術を発信。幼少期から波瀾万丈な人生を歩んできた結果、どんな時も自分を最優先する生き方を貫く姿が、ファンの生きる道標となっている。著作は『一日一枚アレン様のお言葉とお写真ＢＯＯＫ３６６』（主婦の友社）、『全てアレン様が正しいでございます』（玄光社）、『ＡＬＬＥＮ２０２５ ＣＡＬＥＮＤＡＲ－アレン様カレンダー－』（株式会社ＭＩＩＡ）。

アレン様は大変!! お怒りになられてます。

2025年1月31日　第1刷発行

著　者　アレン

発行者　山下直久

発　行　株式会社 KADOKAWA

〒102-8177 東京都千代田区富士見2-13-3
電話　0570-002-301（ナビダイヤル）

印刷・製本　TOPPANクロレ株式会社

ISBN 978-4-04-115849-4 C0095